Christine Adrian

# Unsere Land schildkröte

Schützen — Pflegen —
Krankheiten vorbeugen —
Richtig überwintern

Kosmos
Gesellschaft der Naturfreunde
Franckh'sche Verlagshandlung
Stuttgart

Mit 12 Farbfotos von A. Jesse (3), B. Kahl (7) und H. Reinhard (2) und 39 Schwarzweißzeichnungen von M. Golte-Bechtle.

CIP-Kurztitelaufnahme der Deutschen Bibliothek

**Adrian, Christine:**
Unsere Landschildkröte : schützen — pflegen — Krankheiten vorbeugen — richtig überwintern / Christine Adrian. — Stuttgart : Franckh, 1986.
    ISBN 3-440-05605-8

Umschlag von Ulrich Kolb unter Verwendung zweier Farbfotos von B. Kahl (Titelseite, Griechische Landschildkröte *Testudo hermanni*, Rückseite Vierzehen-Landschildkröte *Testudo horsfieldii*)

Franckh'sche Verlagshandlung, W. Keller & Co., Stuttgart / 1986
Printed in Germany / Imprimé en Allemagne / LH 14 gb
ISBN 3-440-05605-8
Satz: Fotosatz Stephan, Stuttgart
Herstellung: Wilhelm Röck GmbH, Weinsberg

# Unsere Landschildkröte

# Liebe zu Landschild-kröten?

In der Bundesrepublik Deutschland gibt es mehr Heimtiere als Menschen. Statistisch gesehen müßte also jeder, vom Säugling bis zum Greis, mindestens einen Hund, Kanarienvogel oder Fisch haben. Die Auswahl ist groß. Und die meisten dieser Tiere wurden eigens zu dem Zweck gezüchtet, dem Menschen Gesellschaft zu leisten. Ganz anders ergeht es den Landschild-kröten.

Denn keine der Landschildkröten, die zur Zeit im Handel sind, wurde hier ge-züchtet. Sie wurden und werden in ih-ren Heimatländern gefangen. Man stopft sie wie Kartoffeln in Kisten und Säcke und schickt sie auf eine qualvolle lange Reise. Bei der Ankunft in Deutschland sind viele schon tot. An-dere sind so geschwächt, daß sie nur mit sofortiger Superpflege noch über-leben könnten. Doch die läßt auf sich warten. Also gehen weitere Tiere ein, bevor sie verkauft sind. Und der Rest? Man rechnet damit, daß höchstens 10% das erste Jahr in Gefangenschaft überdauern. Wirklich ein stolzer Sieg der Tierliebe!

Doch der Nachschub funktionierte jah-re-, jahrzehntelang so gut, daß kein Schildkrötenliebhaber sich ernstlich Gedanken zu machen brauchte. Pünktlich zum Frühsommer gab es all-jährlich Landschildkröten in allen Grö-ßen zu kaufen. Die kleinsten so billig, daß jedes Kind sie vom Taschengeld erwerben konnte. Die meisten dieser Schildkröten kamen aus Ländern rund ums Mittelmeer. Vor allem aus Grie-chenland. So wurde die »Griechische Landschildkröte« zu einem festen Be-griff.

Heute können Sie solche »Griechen« kaum noch kaufen. Sie dürfen nämlich aus ihren Heimatländern nicht mehr exportiert werden, weil sie stellenwei-se schon fast ausgerottet sind. Nur hat leider die Nachfrage nach Schildkröten nicht gleichermaßen abgenommen. So sind jetzt eben andere Arten »in«: Vor ein paar Jahren waren es noch die Vierzehenschildkröten. Sie werden auch russische Schildkröten genannt und kommen aus Iran, Afghanistan, Pakistan. Als ihre Einfuhr verboten wurde, kamen die Dosenschildkröten auf den Markt. Diese unglücklichen Tiere stammen aus USA und sind noch wesentlich schwieriger zu halten als die Vierzehenschildkröten. Sie starben massenweise!

Nur wir, die Käufer, wir können etwas für die Schildkröten tun. Denn jede gekaufte Schildkröte zieht weitere Schildkrötenfänge nach sich. Und von 100 gefangenen Tieren überleben höchstens 10. Diese eindringliche Mahnung kann den Verdacht erwekken, ich wollte grundsätzlich von der Schildkrötenhaltung abraten. Gleich werden Sie sehen, daß das nicht so ist. Es kann für Schildkröten nämlich durchaus ein Glück sein, wenn sie in liebevolle Menschenobhut kommen. In ihrer Heimat mögen sie zwar offiziell geschützt sein. Trotzdem ist dort eine Schildkröte etwa soviel wert wie bei uns die Fliege an der Wand: nichts. Kinder benutzen sie als Zielscheibe fürs Steineschmeißen. Im Straßenverkehr und bei der Schädlingsbekämpfung kommen sie reihenweise um. Und falls ein Bauer eine Schildkröte bei seinen Melonen erwischt, zögert er auch nicht lange, sie zu erschlagen. Es gibt sogar Berichte, daß Landschildkröten tonnenweise zu Schildkrötensuppe verarbeitet werden. Wir haben daher allen Grund, jede Schildkröte wie eine Kostbarkeit zu hegen und zu pflegen! Aber nicht als Hobby-Vergnügen, sondern als Beitrag zum Naturschutz, von dem soviel geredet wird! Im praktischen Alltag sieht das so aus:

— Überlegen Sie genau, ob Sie wirklich Schildkröten haben wollen oder ob es nicht ein anderes Tier auch täte!

— Lesen Sie nach, ob Sie Schildkröten alles bieten können, was sie brauchen. Und das viele Jahre lang!

— Wenn Sie schon eine Schildkröte haben und mögen sie nicht mehr: Setzen Sie sie keinesfalls aus! Wenden Sie sich an den Tierschutzverein oder besser noch an einen Terrarienverein oder Schildkrötenverein, die vermitteln die Tiere dann weiter.

— Falls Sie merken, daß Sie ein guter Schildkrötenhalter sind, legen Sie bitte keine Sammlung querbeet an. Versuchen Sie vielmehr, mit mehreren Tieren einer Art zu züchten.

— Suchen Sie Kontakt mit anderen Schildkröten-Fans in Ihrer Umgebung. So profitiert jeder von den Erfahrungen der anderen.

— Und schließlich: Tauschen oder verleihen Sie ruhig eine Schildkröte, wenn damit ein Zuchterfolg wahrscheinlicher wird.

# Ein bißchen Verständnis für »Panzertiere«

Schildkröten sind Kriechtiere (Reptilien). Sie sind verwandt mit Eidechsen, Krokodilen und — man sollte es nicht für möglich halten — auch mit Schlangen. Ihre auffallendste Gemeinsamkeit ist die schuppige Haut. Bei den Schildkröten ist sie nur noch an Beinen, Kopf und Schwanz zu sehen. Der größte Teil des Körpers wird vom Panzer umschlossen, der außen aus zusammengewachsenen Hornschuppen besteht. Er schützt das Tier recht wirksam vor vielen Feinden. Deshalb können es sich Schildkröten leisten, langsam und friedfertig zu sein: Bei Gefahr ziehen sie sich einfach in ihr »Haus« zurück und warten, bis die Luft wieder rein ist. — Nur im heutigen Straßenverkehr ist diese Taktik eindeutig problematisch für die ganze Tierfamilie!

Nochmal zurück zum Panzer. Er besteht aus zwei Schichten. Außen die Hornplatten oder Hornschilde, innen Knochen, die fest mit den Hornplatten verwachsen sind. Der ganze Panzer ist von Adern und Nerven durchzogen, d. h. Verletzungen bluten und schmerzen. Man kann sich leicht denken, welche wesentliche Rolle alle Wachstumsvorgänge bei Schildkröten spielen. Panzer und Knochen müssen immer gemeinsam, im gleichen Tempo wachsen. Tun sie das nicht, wirkt sich das auf das ganze Tier aus.

Wie der Panzer wächst, kann man leicht sehen. Jedes Schild hat einen kleinen »Kern«, um den herum sich Ringe ziehen. Der »Kern« hat die Größe, die die Platte bei der frischgeschlüpften Schildkröte hatte. Wenn wir nun einmal so ein Panzerschild betrachten, stellen wir fest, daß dieser »Kern« gar nicht in der Mitte der heutigen Platte liegt. An manchen Seiten ist die Platte sehr stark gewachsen, an anderen kaum. Auf diese Weise verändert sich ein Schildkrötenpanzer vom rundlichen Baby bis beispielsweise zum langgestreckten, hochgewölbten Panzer der Breitrandschildkröte.

Die Wachstumsringe am Schildkrötenpanzer sind für den Pfleger ein wichtiger Gradmesser für die Gesundheit seiner Tiere. Sie zeigen an, wieviel das Tier gewachsen ist und ob der Panzer in der letzten Zeit genügend Eiweiß, Kalk und Vitamine aus dem Futter und UV-Strahlung erhielt. Wenn nicht, sind die Hornplatten so weich, daß man den Panzer mit der Hand zusammendrücken kann.

Was man an den Wachstumsringen

nicht erkennt, ist das Alter der Schildkröte. Es sind keine Jahresringe wie bei Bäumen. In schlechten Jahren sind sie so schmal, daß man sie kaum sieht, in guten Jahren aber werden manchmal sogar zwei Ringe gebildet.

So nützlich der Panzer ist, er hat auch sozusagen »natürliche Nachteile«: Er macht die Tiere schwer und schwerfällig. Eine Schildkröte, die auf den Rükken gefallen ist, hat Mühe, wieder auf die Beine zu kommen. Und bis sie es geschafft hat, ist sie wesentlich wehrloser als andere Tiere. Ihre Beine sind nicht sehr gelenkig. Sie mußten sich ja zu »tragenden Säulen« entwickeln, die den Körper vorwärts wuchten. Zu anderen, feineren Tätigkeiten sind sie kaum zu gebrauchen. Körperpflege

zum Beispiel fällt bei Schildkröten völlig aus.

Die zweite Eigenart aller Reptilien ist ihre Abhängigkeit von der Außentemperatur. Ihre Verbreitung beschränkt sich auf warme Länder, denn ihre Körpertemperatur — und damit ihre »Betriebstemperatur« — hängt von der Außentemperatur ab. Nur wenn sie warm sind, können sie sich bewegen, fressen, verdauen und wachsen. Je kühler es wird, desto träger und appetitloser werden Reptilien. Schließlich erstarren sie ganz, und ihre Lebensfunktionen laufen nur noch im Zeitlupentempo ab. Dieser Zustand ist zeitweise normal, z. B. in den natürlichen Ruhepausen wie dem Winterschlaf. Dauert er aber zu lange, sterben die

Innenbau einer Landschildkröte

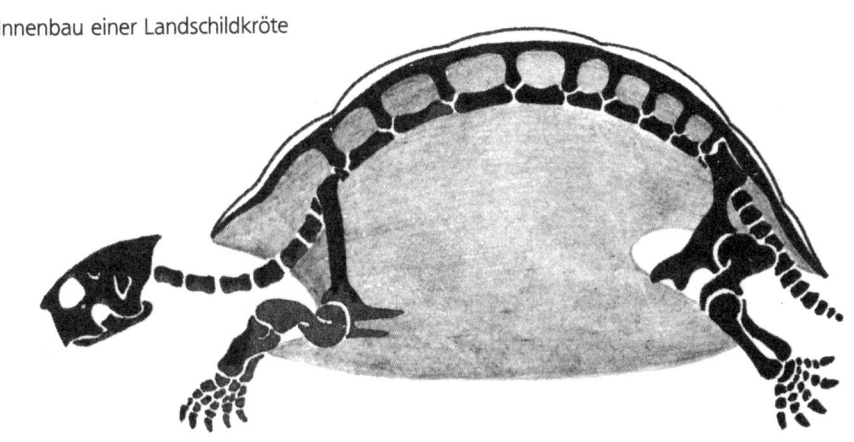

9

Tiere. Ebenso tödlich sind Temperaturen, die gewisse Grenzen über- oder unterschreiten. Reptilien gehen ziemlich rasch an Hitzschlag ein, der Tod durch Unterkühlung dauert etwas länger. Reptilien können nämlich nicht schwitzen, was bei Warmblütern zur Kühlung dient, und auch nicht frieren, das heißt zittern, was zur Muskelerwärmung beiträgt. Kriechtiere regulieren ihre Körpertemperatur einfach dadurch, daß sie Sonne oder Schatten aufsuchen. Eine gewisse Zeit lang kann der Körper die aufgenommene Wärme auch »halten«. Allerdings ist Sonne bekanntlich nicht gleich Sonne. In nördlichen Breiten scheint sie nicht so oft und nicht so lange und wärmt bei weitem nicht so stark wie weiter südlich. Das ist der Grund, weshalb in Deutschland zwar Eidechsen und Schlangen in freier Natur leben, aber keine Landschildkröten. Je kleiner ein Tierkörper ist, desto schneller erwärmt

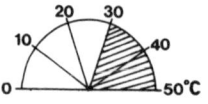

er sich, und die massigen Körper der Landschildkröten brauchen schon ziemlich lange, bis sie erwärmt sind. Vor allem im Frühjahr und Herbst ist bei uns die Sonne schon wieder fast verschwunden, bevor die Schildkröten so richtig in Fahrt kommen, so daß das, was sie in der kurzen Warmphase gefressen haben, in der langen Kaltphase im Darm liegenbleibt und nicht verdaut werden kann.

Noch wichtiger ist die Sonne im Leben der Schildkröte für die Erhaltung der Art. Schildkröten legen ihre Eier in den Boden und suchen sich dafür Stellen aus, die ihnen instinktiv geeignet erscheinen: weiches Erdreich, schön warm, nicht zu feucht, nicht zu trocken. In ihrer Heimat genügt diese einzige »Fürsorge«, damit die Eier sich entwickeln und die kleinen Schildkröten schlüpfen. Denn drei Monate kein Regen und 30 °C Bodentemperatur, das ist dort die Regel. Doch in Deutsch-

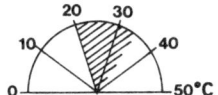

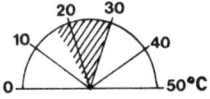

land kann man auf solche Bedingungen selbst in den klimatisch günstigsten Gegenden lange warten.

Über die Frage, ob Schildkröten intelligent oder dumm sind — und wenn ja, wie sehr — gibt es viele Ansichten. Ich meine, es ist schwer möglich, die Intelligenz eines Tieres zu beurteilen, dem es nicht wirklich gut geht und von dessen normalen Lebensäußerungen man nur wenig weiß. Ich habe meine Meinung jedenfalls im Lauf der Jahre mehrmals geändert. Und zwar jedesmal zugunsten der Schildkröten!

Am leichtesten festzustellen ist, daß Schildkröten sich stark nach Augen und Nase richten. Futter zum Beispiel erkennen sie aus der Ferne zuerst an Form und Farbe. Erst aus der Nähe aber können sie einen roten Gummiball von einer Tomate unterscheiden. Wieviel sie hören, ist dagegen umstritten. Sicherlich hören sie die Schritte des Pflegers weniger, als daß sie die Er-

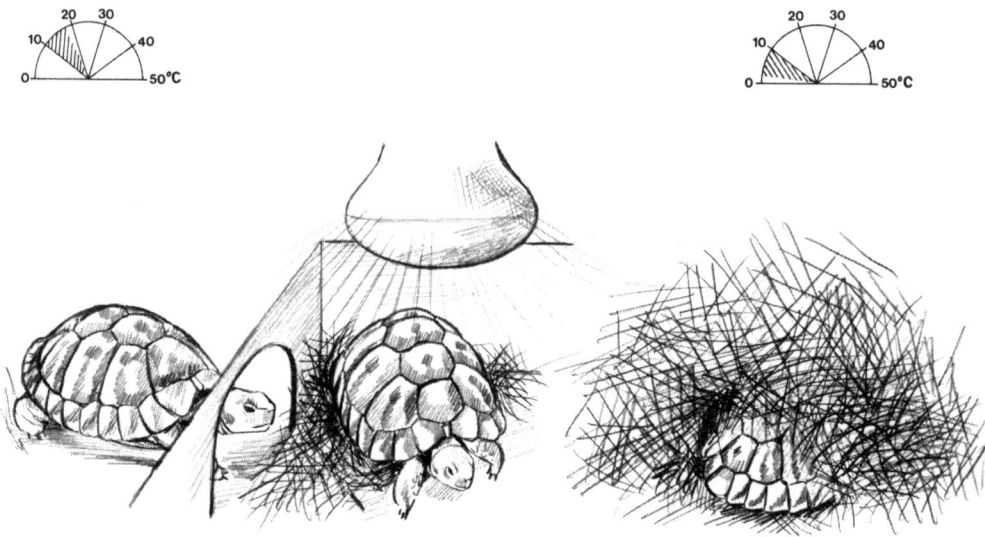

schütterung des Bodens fühlen. Doch habe ich den Eindruck, daß meine Tiere durchaus meine Stimme von anderen unterscheiden. Wenn ich nämlich »ko-omm«, »ko-omm« rufe, kommen sie wirklich in Erwartung von Futter. Wenn Fremde rufen, bleiben sie sitzen, wo sie sind.

Der ausgeprägte Zeit- und Ortssinn der Schildkröten ist erstaunlich. Selbst nach dem Winterschlaf wissen sie noch, wann und wo gefüttert wurde. Sie erkennen ihr Gehege wieder und merken offensichtlich, ob etwas verändert wurde. Sogar die vorjährige Schwachstelle im Zaun versuchen sie sofort zu einem neuen Ausbruch zu benutzen.

Fest steht aber, daß Schildkröten stumm sind. Nur während der Kopulation geben die Männchen mehr oder weniger quiekende Laute von sich. Sonst sagen die Tiere keinen Mucks, weder in Freude noch im Schmerz. Trotzdem können sie ganz schön Krach machen. Zum Beispiel wenn sie versuchen, sich in einer »nackten« Holzkiste »einzugraben«. Sie hören erst auf, wenn die Krallen bis ins Fleisch abgekratzt sind. Oder wenn ein mitleidiger Mensch ihnen etwas Heu gibt. Außerdem pflegen die Männchen lautstark zu kämpfen und ihre Weibchen zu umwerben. Man hört es durch Türen und Fenster. Schön im Takt knallen die Panzer aufeinander: rums, rums, rums. Zwischendurch werden die Damen in die Vorderbeine gebissen, hin und wieder bis ins Fleisch. Trotzdem — oder gerade deshalb — lassen sich die Weibchen schließlich begatten.

Hartnäckigkeit und Ausdauer sind zwei ganz typische Eigenschaften von Schildkröten. Sie ersetzen damit, was ihnen an Wendigkeit, Beweglichkeit fehlt. Und man kann nur immer wieder staunen, wo die Tiere überall hinauf- oder hindurchkommen, wenn sie nur wollen und Zeit haben. Darum ist es ja auch so wichtig, den Zaun um ihr Gehege wirklich solide zu bauen!

Landschildkröten können nicht schwimmen. Aber sie baden gern, am liebsten in sauberem, flachem Wasser. Deshalb wundert mich immer wieder, warum die Tiere ihr Bade- und Trinkwasser so häufig mit Kot verschmutzen. Sie scheinen einem inneren Zwang zu unterliegen. Und das, obwohl in ihren Heimatländern Wasser oft nicht gerade im Überfluß vorhanden ist. Bei der Haltung in Gefangenschaft macht man sich den »Kotdrang« der Schildkröten im Bad zunutze. Wann immer man die Tiere »sauber« haben will, badet man sie einfach lange genug in flachem, lauwarmem Wasser (28 °C).

# Wissenswertes

Landschildkröten sind kleine Persönlichkeiten. Keine ist haargenau wie die andere. Weder in der Panzerzeichnung noch im Wesen. Und sie sind durchaus in der Lage, sich auf ihre menschlichen Freunde mehr einzustellen, als man ihnen zutraut. Denn sie sind sehr neugierig. Und sie lieben eine stille Gesellschaft. Manche sitzen gerne auf dem Schoß und lassen sich unter dem Hals kraulen. Manche schlafen gerne abends auf dem Sofa.

Manche lassen sich am liebsten aus der Hand füttern. Ich persönlich schätze diese allzu nahen Kontakte nicht, weil sie das Tier zu sehr vermenschlichen. Aber ich verbringe gerne viel Zeit damit, meinen Tieren zuzuschauen. Ihre Gewohnheiten, ihre Vorlieben und ihre Beziehungen untereinander finde ich nach über zwanzig Jahren Schildkrötenhaltung immer noch interessant. Denn je mehr ich die Tiere kenne, desto besser verstehe ich sie!

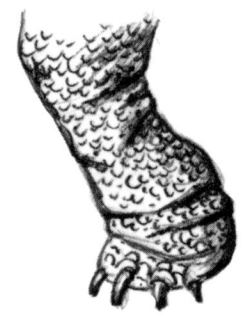

Hinterfuß Wasserschildkröte (links), Landschildkröte (rechts)

# Wer ist wer?

Wenn wir eine unbekannte Schildkröte in die Hand bekommen, müssen wir zuerst einmal erfahren, wer sie ist. Nur dann können wir wissen, was sie braucht: Welchen Lebensraum, welche Temperaturen, welches Futter und ob Winterschlaf ja oder nein.
Die wichtigste Frage ist: handelt es sich um eine Landschildkröte oder um eine Sumpf- oder Wasserschildkröte. Die Panzerform ist kein zuverlässiger Hinweis. Aber an Beinen und Füßen sind sie gut zu erkennen.
Landschildkröten haben stämmige Beine, die fast ohne Abgrenzung in die Füße übergehen. Die Krallen sind kaum beweglich. Mich erinnern die Hinterbeine von Landschildkröten immer etwas an winzige Elefantenbeine.
Sumpf- und Wasserschildkröten dagegen besitzen sehr bewegliche Beine mit ruderartigen Füßen und beweglichen Krallen. Schwimmhäute sind je nach Art verschieden stark ausgebildet.
Wieviel die Beine der Schildkröten über ihren Lebensraum aussagen, sehen wir an den Dosenschildkröten. Diese teils land- teils wasserbewohnenden Schildkröten haben Beine, die

wie eine Mischung von denen der Land- und Wasserschildkröten wirken. Auf den nächsten Seiten sind einige kurze »Steckbriefe« von Landschildkröten zusammengestellt. Alle, außer den Dosenschildkröten, dürfen nicht mehr eingeführt werden. Trotzdem kann man sie manchmal kaufen. Denn die Tiere können ja sehr alt werden. Wer diese Steckbriefe aufmerksam liest, wird bald merken: Es ist durchaus nicht gleichgültig, welche Schildkröte wir pflegen. Denn »was der einen ihr Uhl, ist der anderen ihr Nachtigall . . .«

## Griechische Landschildkröte
*(Testudo hermanni)*

*Größe:* Bis 20 cm
*Besondere Merkmale:* Schwanzschild geteilt, Schwanz mit Hornstachel
*Vorkommen:* Mittelmeerländer, trockene Buschlandschaften
*Temperaturen:* 20—30 °C
*Winterschlaf:* Ja
*Futter:* Überwiegend pflanzlich. Fleisch nur gelegentlich.

## Maurische Landschildkröte
*(Testudo graeca)*

*Größe:* Bis 35 cm
*Besondere Merkmale:* Schwanzschild ungeteilt, Hornkegel auf den Hinterbeinen

# Wer ist wer?

*Vorkommen:* Mittelmeerländer
*Temperaturen:* 20–30 °C
*Winterschlaf:* Ja
*Futter:* Überwiegend pflanzliche Nahrung. Fleisch nur gelegentlich.

### Breitrandschildkröte
*(Testudo marginata)*

*Größe:* Bis 20 cm
*Besondere Merkmale:* Schwanzschild nach außen gebogen
*Vorkommen:* Südliches Griechenland. Sehr warme, buschige Berghänge.
*Temperaturen:* 20–30 °C
*Winterschlaf:* Ja
*Futter:* Überwiegend pflanzlich. Fleisch nur gelegentlich.

### Vierzehen-Landschildkröte
*(Testudo horsfieldii)*

*Größe:* Bis 20 cm
*Besondere Merkmale:* Fast runder Panzer, nur 4 Zehen an jedem Fuß.
*Vorkommen:* Iran, Afghanistan, Pakistan, trockene Steppe mit niedrigem Pflanzenwuchs.
*Temperaturen:* 18–30 °C
*Winterschlaf:* Ja
*Futter:* Überwiegend pflanzlich

Unten:
Geschlechtsunterschiede bei der Griechischen Landschildkröte (links Weibchen, rechts Männchen)

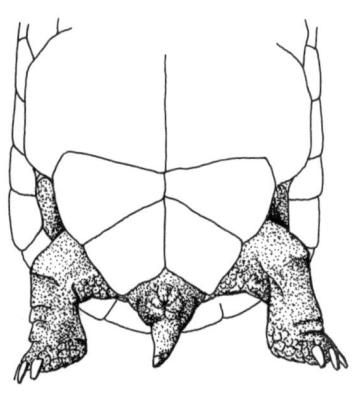

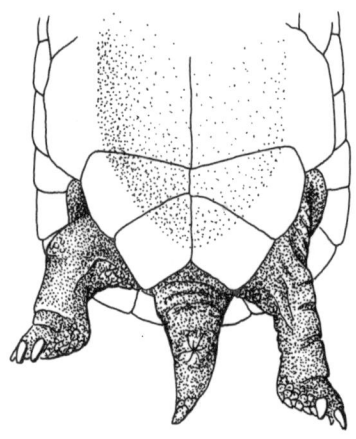

Bauchpanzer glatt ♀          Bauchpanzer nach innen gewölbt ♂

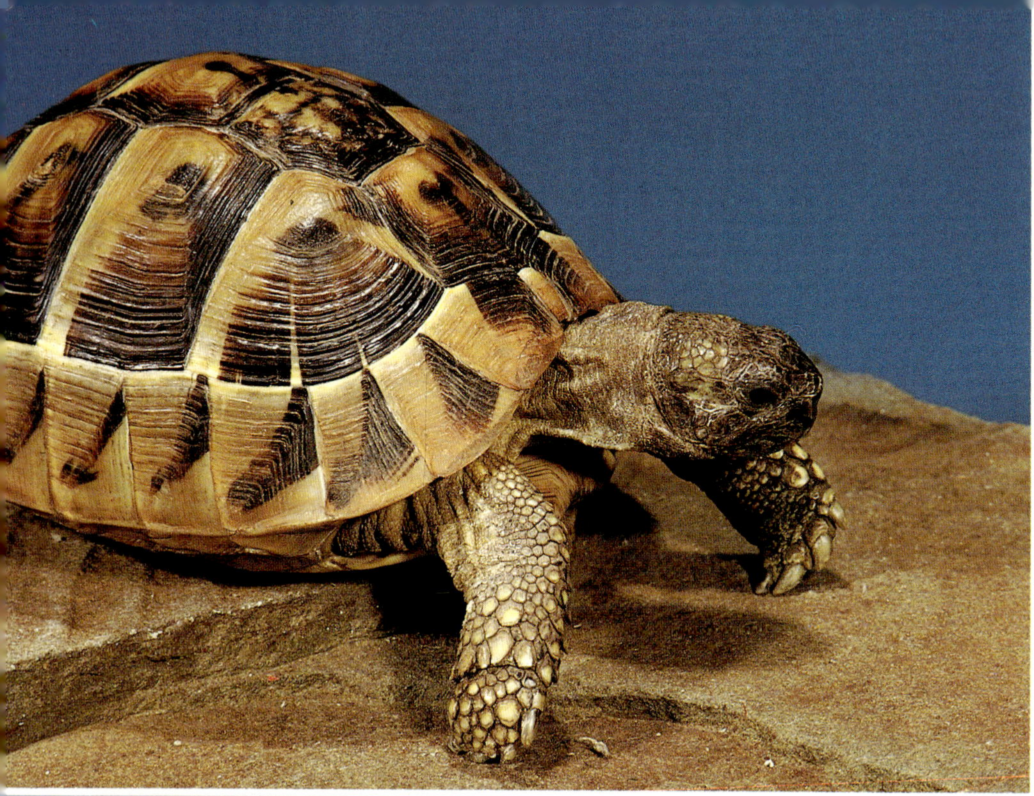
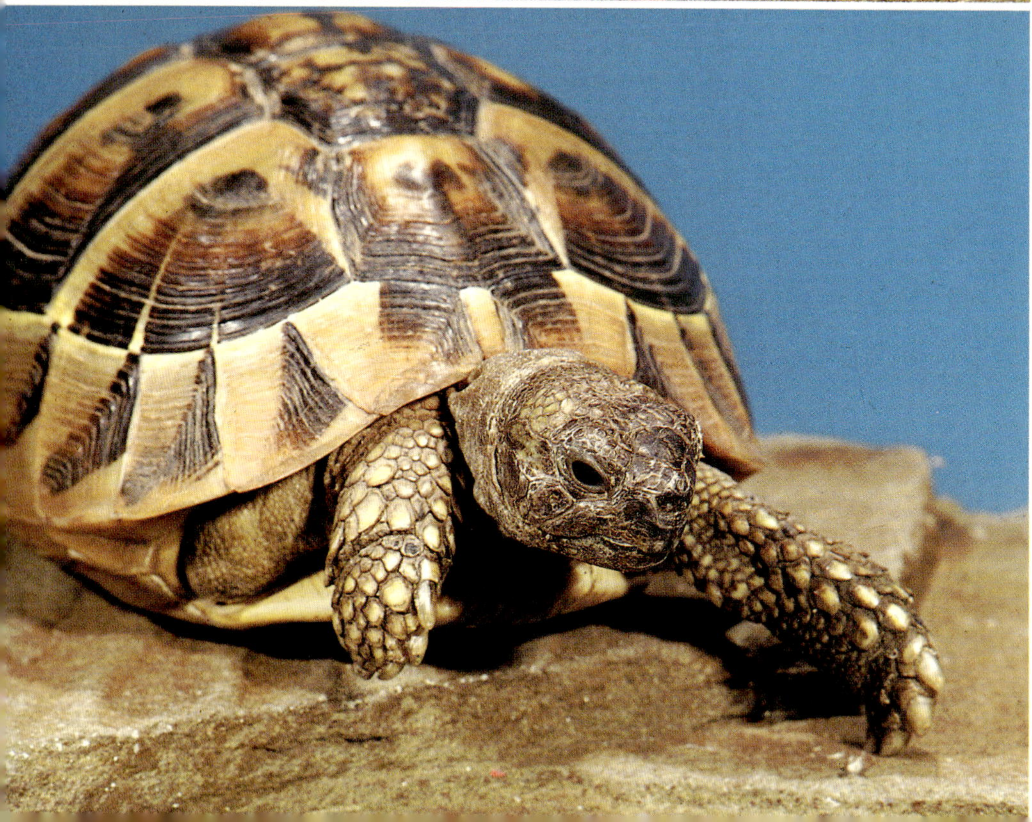

# Wer ist wer?

Seite 17:
Schildkröten sind überhaupt nicht langweilig!
Aufnahme H. Reinhard

Links:
Griechische Landschildkröten *(Testudo hermanni)*. Aufnahmen A. Jesse

## Argentinische Landschildkröte
*(Testudo chilensis)*

*Größe:* Bis 20 cm
*Besondere Merkmale:* Von Natur »Papageienschnabel«. Nicht abfeilen!
*Vorkommen:* Argentinien, Uruguay. Steppe, Buschland. Nicht ganz so trocken wie ums Mittelmeer.
*Temperaturen:* 20–28 °C
*Winterschlaf:* Nein!
*Futter:* Überwiegend pflanzlich

## Spaltenschildkröte
*(Malacochersus tornieri)*

*Größe:* Bis 15 cm
*Besondere Merkmale:* Der relativ weiche Panzer ist normal, nicht rachitisch!
*Vorkommen:* Ostafrika. Trockene Felsgebiete mit Dorngestrüpp.
*Temperaturen:* 22–28 °C
*Winterschlaf:* Nein!
*Futter:* Pflanzlich, aber sehr heikel, da sie in der Heimat hauptsächlich Kakteen fressen.

## Dosenschildkröten
*(Terrapene carolina triunguis)*
*(Terrapene carolina bauri)*
*(Terrapene carolina carolina)*

*Größe:* Bis 16 cm
*Besondere Merkmale:* Zwei »Scharniere« am Bauchpanzer, mit denen der Panzer fest verschlossen werden kann.
*Vorkommen:* Je nach Art verschiedene Teile der USA. Waldränder in der Nähe von Teichen und langsamen Bächen.
*Temperaturen:* 18–28 °C
*Winterschlaf:* Je nach Art und Herkunft möglich, aber nicht nötig.
*Futter:* Überwiegend tierische Kost

## Schmuck-Dosenschildkröten
*(Terrapene ornata)*

*Größe:* Bis 14 cm
*Besondere Merkmale:* Siehe *Terrapene carolina*
*Vorkommen:* Südliche USA. Liebt Feuchtigkeit sehr viel weniger als *Terrapene carolina*.
*Temperaturen:* 22–28 °C
*Winterschlaf:* Siehe *Terrapene carolina*
*Futter:* Überwiegend tierische Kost

Dosenschildkröten sind leicht zu erkennen, aber schwierig zu halten. Ihren Namen verdanken sie zwei »Scharnieren« im Bauchpanzer. Mit ihrer Hilfe

19

# Wer ist wer?

können sie den vorderen und hinteren Teil des Bauchpanzers nach oben klappen und dann ist der Panzer wirklich zu wie eine Dose.

Das größte Problem ist: Die Tiere kommen meist schon krank in den Handel. Dort werden sie wie »normale« Landschildkröten behandelt und »gefüttert«. Das heißt, sie sitzen schön trocken auf Sand oder ähnlichem und bekommen Salat, allenfalls Obst. Diese »Pflege« gibt den Tieren den Rest. Sie hungern bis sie verhungern. Vorher bekommen sie Augenentzündungen, die nur sehr schwer zu heilen sind. Und Zwangsernährung ist schier unmöglich.

Wie also machen wir es richtig?

Die Tiere brauchen

— Ein möglichst großes, wasserfestes Terrarium (Glas oder Plastik)
— Ein geheiztes Badebecken mit bequemem Ein- und Ausstieg
— Die Möglichkeit, sich in feuchtwarmer Erde oder Moos zu vergraben
— Einen trockenen Sonnenplatz
— Viel Lebendfutter: Regenwürmer, Grillen, Mehlwürmer, Schnecken
— So viel Obst wie möglich. Welches, muß man ausprobieren. Meine fressen nur Kiwis.
— Sehr viel Ruhe. Je öfter sie sich verängstigt in ihre »Dose« zurückziehen müssen, desto schwerer gewöhnen sie sich an die Gefangenschaft.

Später, wenn sich die Tiere eingelebt haben, können wir das Pflegeprogramm teils vereinfachen, teils erweitern.

Zum Beispiel bequemen sich viele Dosenschildkröten im Lauf der Zeit dazu, Hunde- oder Katzenfutter aus der Büchse zu fressen. Und zwar erstaunliche Mengen. Diesem Brei lassen sich leicht Vitamin-Präparate und Kalkpulver zusetzen. Vor allem Vitamin A ist dringend nötig, weil nur dadurch die Augenkrankheiten verhütet werden können.

Im Hochsommer können Dosenschildkröten auch in den Garten. Wir bauen für sie ein Freiluftgehege genau wie für die anderen Landschildkröten (siehe Seite 25). Allerdings muß immer ein kleiner Teich dazugehören, nicht nur eine Wasserschale. Die Tiere verhalten sich im Garten aber oft ganz anders als die anderen Schildkröten. Sie gehen nämlich besonders gern bei Regen spazieren. Ja, sie jagen gerade dann ihre Leibspeise: Regenwürmer und Schnecken.

Diese kurzen Anregungen zur Pflege von Dosenschildkröten können nicht alle Fragen beantworten. Sie sollen aber helfen, uns nachdenklich zu machen, unsere Phantasie anzuregen. Aus den Reaktionen auf unsere Pflege merken wir dann am schnellsten, was unseren Tieren gut tut.

## Ein Häuschen im Grünen

Wo auch immer wir Landschildkröten unterbringen wollen, wir sollten dabei die stummen Wünsche des Tieres möglichst genau erfüllen. Die Frage, ob eine Behausung billig ist oder schön, interessiert dabei wenig: Sie muß artgerecht sein! Dazu sind zehn Voraussetzungen nötig:

Wärme
— Bekanntlich sind Schildkröten von der Luft- und Bodentemperatur abhängig. Ohne Wärme keine Aktivität, keine Futteraufnahme, keine Verdauung, keine Kotabgabe. Bei den hier genannten Landschildkröten liegt die »Betriebstemperatur« bei 18—30 °C.

Schatten
— Allzuviel Wärme ist auch für Schildkröten ungesund. Der Körper darf nicht beliebig lange beliebig stark aufgeheizt werden. Also brauchen die Tiere Schatten oder die Möglichkeit, sich zu vergraben.

Licht
— Die hier besprochenen Landschild-

kröten fressen nur bei Licht. Mindestdauer der Helligkeit: 8 Stunden täglich, besser aber 12 Stunden.

Ultraviolette Strahlung
— Sie ist zumindest zeitweise unbedingt notwendig, damit Panzer und Knochen hart werden und bleiben. Draußen im Garten genügt das natürliche Sonnenlicht. Doch bei Daueraufenthalt im Haus muß man mit einem UV-Strahler nachhelfen. Entweder mit einer Osram Vitalux-Lampe zweimal wöchentlich 5 Minuten lang oder mit einer Truelite-Leuchtstoffröhre als tägliche Beleuchtung.

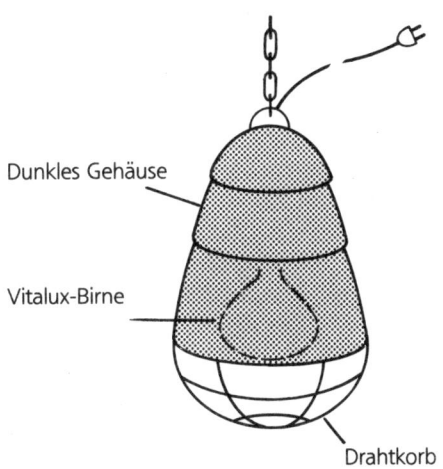

Wärmelampe für Vitaluxbirne

# Unterbringung

Trockenheit
- Landschildkröten sind empfindlich gegen Nässe. Bodengrund und Schlafplatz dürfen nur dann leicht feucht sein, wenn sie zugleich auch warm sind.

Platz
- Landschildkröten marschieren gerne und viel. In engen Käfigen werden sie stumpfsinnig oder versuchen verzweifelt auszubrechen. Mindestraum für ein Baby bis 6 cm Panzerlänge: $\frac{1}{4}$ m²!
Für ein ausgewachsenes Tier von 20—25 cm Panzerlänge: 2 m². Für mehrere Tiere: über 10 m². Aber richtig wohl fühlen sie sich erst mit zwei- bis fünfmal soviel Platz.

Schlafplatz
- Landschildkröten schlafen nicht gerne auf dem »Präsentierteller«. Dunkelheit bedeutet für sie Schutz — und den wollen sie auch in Gefangenschaft haben. Am liebsten suchen sie einen Ort auf, an dem sie sich leicht vergraben können. Zum Beispiel Heu oder Stroh. Dieser Platz muß trocken, warm und zugluftfrei sein.

Richtiger Bodengrund
- In freier Natur klettern Landschildkröten unverdrossen über Stock und Stein und wühlen sich in harte Böden ein. Dabei nehmen sie kaum Schaden, im Gegenteil: Die Krallen werden im richtigen Maß abgenutzt, die Muskeln werden gekräftigt, und Langeweile kommt nicht auf.
Aber in Gefangenschaft führen unnatürliche oder einseitige Böden leicht zu Schäden. Auf kaltem Beton oder Fliesen erkälten sich Schildkröten. Auf rauhem, hartem Untergrund scheuert der Bauchpanzer auf, und/oder die Krallen nutzen sich bis ins Fleisch ab. Auf glattem Plastik, Linoleum oder ähnlichem rutschen die Beine immer zur Seite, was zu völlig deformierter Beinhaltung führt; außerdem können sich die Tiere nicht mehr von selbst umdrehen, wenn sie auf den Rücken fallen.
Torf, Sägemehl und Sand sind schädlich, da der feine Staub in Augen und Nase eindringt und auch das Futter viel zu sehr verschmutzt. Am besten sind: Wiesenboden, mittelgrober, runder, gewaschener Kies, ungehobeltes Holz, Natur-Kalksteinplatten, Kork.

Beschäftigung
- Jedes Tier muß seine Intelligenz auch gebrauchen können. Sonst wirkt es dümmer, als es ist. Land-

schildkröten lieben es, außer Fressen und Schlafen »etwas zu tun«. Sie erkunden gerne neues Terrain, besteigen gerne Aussichtshügel, suchen sich lieber ihr Futter selber. Für ihre Kletterpartien legt man einfach zwei Bretter schräg aneinander und legt eine Schilfmatte darüber. Aber Vorsicht, daß der Aussichtsturm nicht zur Fluchtmöglichkeit wird! Für die eigene Futtersuche sticht man Rasenstücke aus, die die Tiere dann in ihrer Behausung »abweiden« können.

Schutz vor Gefahren
— Niemand kann erwarten, daß Schildkröten »wissen«, welche Gefahren ihnen in fremder Umgebung drohen. Deshalb müssen ihre menschlichen Pfleger und Freunde Vorsorgemaßnahmen treffen.
— Ein Sturz vom Balkon ist meistens tödlich, denn der Panzer platzt auf.
— Beim Weglaufen aus Menschenobhut winkt nicht etwa die goldene Freiheit: Entweder wird das Tier überfahren, oder es erfriert im nächsten harten Winter.
— Anbinden im Garten mit einem Strick durch ein Loch im Panzer ist Tierquälerei. Schildkröten lernen nie, sich mit der Fessel abzufinden. Und sie sind hilflos fleischfressenden Vögeln ausgesetzt.

— Große Vögel überhaupt, z. B. Rabenkrähen, sind eine Gefahr für Schildkröten. Vor allem, wenn die Vögel Junge haben und viel Futter brauchen, sind sie scharf auf Schildkrötenfleisch. Kleine Exemplare tragen sie im ganzen fort, größere drehen sie auf den Rücken und picken die Weichteile auf.
— Hitzschlag trifft die Schildkröten viel schneller, als man denkt: Auf einem knallheißen Balkon, im Auto, das in der Sonne geparkt wurde, auf der Wiese ohne Schutzhaus.
— Gifte im Garten, ob natürliche oder von Menschen gestreute, sind für Schildkröten eine große Gefahr; also weder Schneckengift, noch Wühlmausköder, noch gespritzte Gifte verwenden! Und darauf achten, daß die Tiere nicht an giftige Pflanzen oder deren Früchte heran können. Giftig sind z. B.: Efeu, Seidelbast, Pfaffenhütchen, Wolfsmilchgewächse, Roßkastanie, Eibe, Schneebeere, Fingerhut, Liguster, Maiglöckchen, Goldregen und viele andere mehr.
Von den Zimmer- und Balkonpflanzen sind vor allem Oleander, Wachsblume, Stephanotis und Weihnachtsstern zu erwähnen.

Wer auf diese Punkte achtet, kann sich eigentlich schon selbst vorstellen, wo

und wie Landschildkröten gut aufgehoben sind. Nämlich überwiegend im Garten, in einem großen, sonnigen, soliden Freigehege mit Schutzhaus.
Der Balkon ist und bleibt eine Behelfslösung, vielleicht ein Übergang, aber bitte keine Dauerlösung!
Abgesehen von Ausnahmefällen darf es keinen Grund geben, Schildkröten nicht im Garten zu halten. Hier zwei Möglichkeiten für die Unterbringung im Garten:

## Einfaches Gartengehege mit Schutzhaus

Man wähle ein möglichst großes, sonniges Wiesenstück. Seine Form muß keineswegs quadratisch sein, ganz im Gegenteil. Stumpfe Winkel sind sogar besser, weil treibende Männchen schwächere Weibchen dann nicht in einer Ecke »festrammen« können. Alle zwei Meter und an den Ecken werden

Behelfslösung Balkon

24

# Unterbringung

Holzpfosten in den Boden geschlagen, bis sie gerade 25 cm aus dem Boden ragen. Nun wird an der Außenseite der Pflöcke — dort, wo der Zaun sein soll — der Boden rillenförmig aufgegraben. Dann das unterste Brett hineindrücken und annageln. Darüber weitere Bretter bis zum Ende der Pfosten. Schließlich ein waagrechtes Brett, das nach innen übersteht, als Abschluß.

Das billigste Material für diesen Zaun geben sogenannte »Schwarten« ab. Das sind die äußeren, halbrunden Bretter des Baumes. Man nagelt die glatte Seite zur Innenseite des Geheges. Wer das Holz vor Fäulnis schützen will, sollte das mit ungiftigen Substanzen tun. (Die meisten Holzschutzmittel geben auch dann noch Gift ab, wenn sie aufgehört haben zu stinken!)

Andere Baumaterialien: Betonplatten, Drahtglas, Ziegel- oder Natursteinmauern, alte Eisenbahnschwellen

Gartengehege

# Unterbringung

oder Maschendraht. Aber niemals sollte der waagrechte Abschluß fehlen! Nur er allein verhindert zuverlässig, daß Schildkröten hinausklettern. Meist wollen sie auch gar nicht mehr hinaus. Denn solange sie die Welt jenseits des Zaunes nicht sehen können, hält sich ihr Forscherdrang in Grenzen. In das Gehege kommt ein Schutzhäuschen mit Schlupfloch. Die einfachste Ausführung kann man aus Dielenbrettern oder wetterfester Spanplatte zusammennageln. Das schräge Dach wird mit Plastikfolie oder Dachpappe überzogen. Sehr praktisch ist es, wenn das Dach an einer Seite teilweise aufklappbar ist zum Putzen und Kontrollieren. In das Haus kommt reichlich Laub, Heu oder Stroh, das jedoch regelmäßig erneuert werden muß. Schließlich gräbt man noch eine flache Wasserschale in den Boden. Etwa in der Art von Vogeltränken. Eine Steinplatte oder ein paar aneinander genagelte Brettchen dienen als Futterplatz — und fertig ist die Anlage. Das heißt,

zum Schutz gegen große Vögel, z. B. Rabenvögel, sollte man über das ganze Gehege noch ein Vogelnetz (in Gartenfachgeschäften erhältlich) spannen, vor allem, wenn man das Gehege längere Zeit unbeobachtet läßt! In diesem Gehege können erwachsene Schildkröten bei gutem Wetter den ganzen Sommer verbringen. Für kleinere, kränkliche Tiere oder in naßkaltem Klima ist diese Anlage nicht geeignet! Außerdem muß man damit rechnen, daß besonders Vierzehenschildkröten sich »aus Versehen« schon mal unter dem Zaun durchgraben.

Deshalb ist folgende Bauweise doch sehr viel empfehlenswerter:

Grabungssicheres Gehege

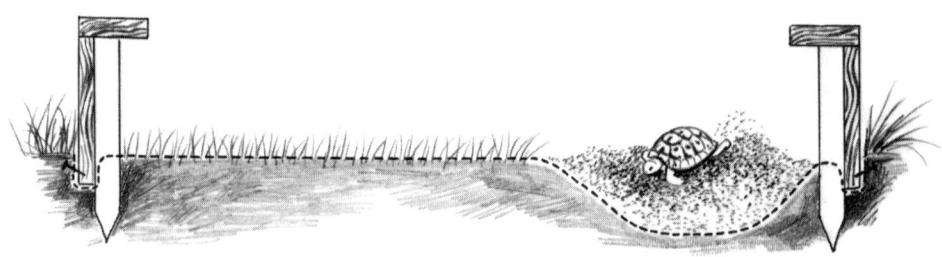

## Grabungssicheres Gehege mit heizbarem Schutzhaus

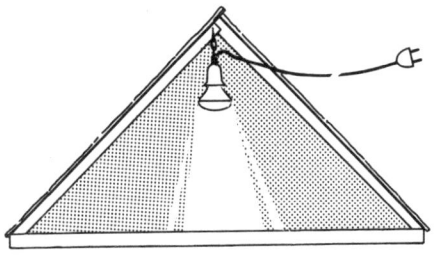

Schutzhaus mit Giebeldach und Wärmelampe

Man beginnt wie in der vorigen Beschreibung, aber bevor der Holzzaun angenagelt wird, hebt man an der Südseite des Geheges eine 50 cm breite und 1–2 m lange, ca. 15 cm tiefe Grube aus. Dann wird der ganze Gehegeboden mit plastikummanteltem Maschendraht belegt, und die einzelnen Bahnen werden mit Draht zusammengenäht. Am Zaun soll der Maschendraht so weit überstehen, daß man ihn später außen am untersten Brett annageln kann. Zum Schluß wird die Grube mit einem Sand-Torf-Gemisch gefüllt. Sie soll die Schildkrötendamen anregen, hier ihre Eier abzulegen, und den Schildkröten als »Grabungsfeld« dienen, denn anderswo können sie das nicht mehr.
Schon nach kurzer Zeit wird die Wiese durch den Maschendraht gewachsen sein und ihn unsichtbar machen. Die Tiere können bequem weiden, nur graben können sie nicht mehr überall. Das einfache Schutzhaus läßt sich ganz schnell in ein beheiztes herrichten: Man hängt in den Giebel eine Infrarot-Lampe und legt ein unterirdisches Kabel zum Haus. Wichtig: Das Kabel muß aus Gummi sein und wird zum Schutz vor Mäusen – und Spaten – in

einen (alten) Gartenschlauch gesteckt. Der Nachteil des Infrarot-Strahlers ist jedoch in der Zeichnung deutlich zu sehen: Es wird nur ein Teil der Bodenfläche erwärmt. Und dort sitzen natürlich die großen, kräftigen Tiere, die die kleinen, schwachen an den kalten Rand drängen.
Besser, wenn auch etwas aufwendiger ist daher ein Schutzhaus mit Fußbodenheizung:
Grundform eine Kiste. Die Seiten werden so abgeschrägt, daß man ein Pultdach aus Holz auflegen kann, das mit Plastik oder Dachpappe als Nässeschutz überzogen ist. Das Einschlupfloch kann sich vorn oder seitlich befinden – wie es bequemer ist. Auf den Boden der Kiste kommt eine dicke Styropor-Platte, darüber drei Lagen extra starke Aluminiumfolie aus dem Haushaltwarengeschäft und darauf ein Stück dünnes Drahtgeflecht (z. B.

27

# Unterbringung

»Kükendraht«). Ein Floratherm-Heizkabel (aus dem Zoo-Fachgeschäft) wird nun mit Schnur oder Draht so auf dem Geflecht befestigt, daß die Schleifen sich nirgends berühren — sonst schmoren sie durch. Zum Abdecken des Heizkabels braucht man eine stabile, kratzfeste Platte, die jedoch gut Wärme leitet. Am besten, aber auch am teuersten, ist genopptes Aluminium vom Schlosser. Dünnere Zement-, Eternit- und Kunststoffplatten eignen sich aber auch.

Die ganze elektrische Anlage muß gut verdeckt sein und darf nirgends mit den Tieren in Berührung kommen; zu groß ist die Gefahr, daß die Kabel beschädigt werden und Mensch und Tier vom Schlag getroffen werden könn-

ten. Bleibt die Frage, wann und wie schaltet man die Heizung ein und aus? Natürlich kann man das »von Hand« erledigen. Das ist jedoch eine unsichere Sache: Bei zuwenig Heizung leiden die Tiere, bei zuviel die Stromrechnung. Ich habe mir die Sache deshalb einfach gemacht und regle die Heizung mit einem Thermostaten. Dieser sollte jedoch die Temperatur der Luft über den Schildkröten, nicht die am Boden messen! Die letztgenannte Anlage ist schon recht komfortabel — sowohl für die Tiere als auch für den Pfleger. Trotzdem möchte ich für den richtig passionierten Schildkrötenhalter und Bastler noch weitere Möglichkeiten beschreiben, sein Schildkrötengehege zu perfektionieren:

Schutzhaus mit Pultdach und Fußbodenheizung

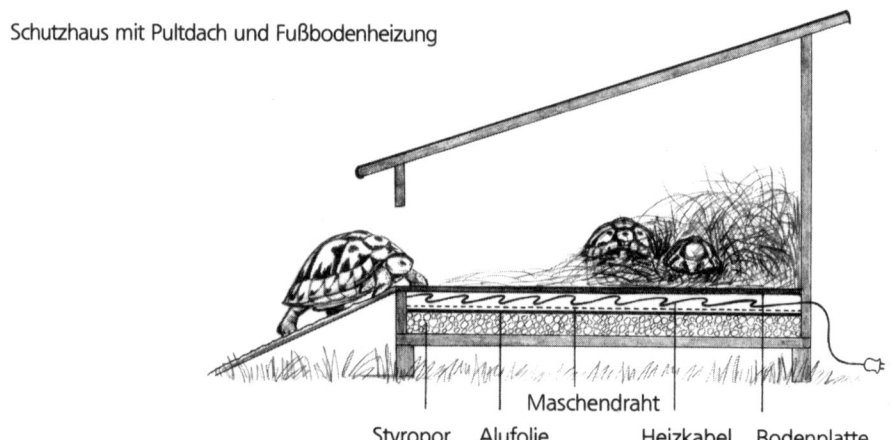

Styropor  Alufolie  Maschendraht  Heizkabel  Bodenplatte

28

# Auch Schildkröten lieben Komfort

Da wäre zum Beispiel das Badebekken. Man gräbt dazu ein recht tiefes Loch innerhalb des Geheges (zuvor den Maschendraht aufschneiden, falls vorhanden!). Dann legt man in etwa zwei Drittel Höhe einige Holz- oder Eisenstäbe über die Grube. Darüber mehrere Lagen Plastikfolie und zwei, drei Lagen Maschendraht. In Folie und Draht wird in der Mitte ein Abflußloch gesetzt. Über den Draht und um den Abfluß herum wird eine dicke Schicht (Fertig-)Beton gestrichen. Noch bevor

der Beton hart ist, drücken wir einige grobe Kiesel hinein, mit deren Hilfe die Tiere später das Wasserbecken mühelos verlassen können. Wichtig: Der Abfluß muß wirklich an der tiefsten Stelle des Beckens liegen! Zum Verschließen des Abflusses kann man keinen üblichen Stöpsel nehmen, den kratzen die Tiere heraus. Am besten bewährt hat sich bisher ein Überlaufrohr, wie man es z. B. für Spülen und Duschwannen kennt. Das Becken sollte eine Woche mit Wasser gefüllt stehen, ehe die Schildkröten es benutzen dürfen. Dann läßt man das Wasser jeden Tag einfach in die darunterliegende »Sickergrube« laufen und füllt mit dem Gartenschlauch wieder frisches Wasser auf.

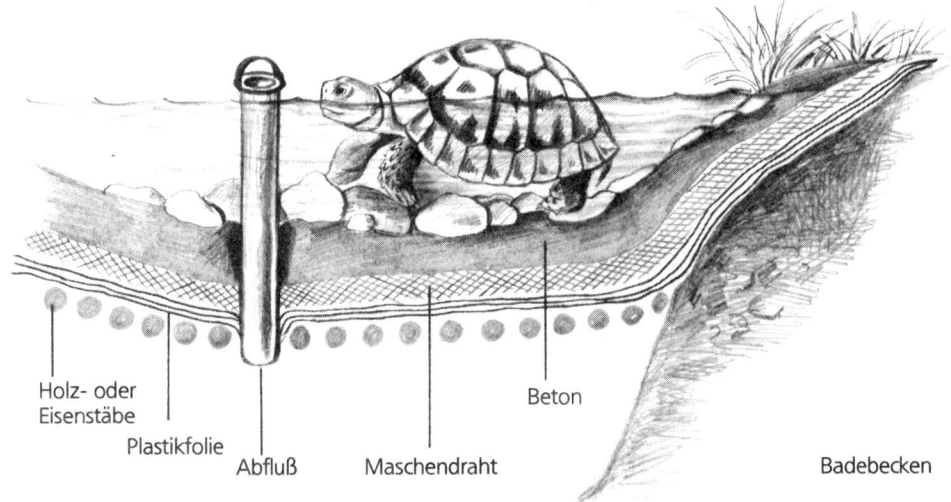

Holz- oder Eisenstäbe

Plastikfolie

Abfluß

Maschendraht

Beton

Badebecken

Als nächsten Komfort kann man einen Sonnenplatz anlegen. Dazu eignet sich am besten ein schmaler Geländestreifen an der Südseite des Geheges. Als Boden nageln wir ungehobelte Brettchen auf zwei Dachlatten — und zwar etwas schräg — an die Ecken kommen etwa 50—60 cm hohe Pfosten, die einen aufklappbaren Rahmen aus Dachlatten, die mit Gewächshausfolie bezogen sind, tragen. Ein loser »Vorhang« aus Gewächshausfolie, der vor dem Sonnenplatz bei schlechtem Wetter heruntergelassen wird, vervollständigt die Sonnenanlage. Jetzt fängt und hält sich in diesem Raum jedes bißchen Wärme und Sonne. Das heißt, die Tiere erleben dort mehr »gutes Wetter«, als wir in unseren Breiten gewöhnlich haben.

Der dritte Luxus für Schildkröten ist die »Weidewiese«. Sie besteht ganz einfach aus einem Stück Wiese, das es sicher in fast jedem Garten gibt, das allerdings »ausbruchsicher« sein muß. Damit die Schildkröten nicht weglaufen können, habe ich rings um die ganze Wiese Rundhölzer in den Bo-den geschlagen — etwa 20 cm hoch und so weit voneinander entfernt, daß die kleinste Schildkröte gerade nicht mehr hochkant hindurchpaßt. An den Wegen habe ich jeweils zwei Hölzer gegenüber eingeschlagen, in die lose Bretter gelegt werden können, wenn die Tiere unterwegs sind. Genauso ist eine »Türe« im Gehege gebaut, die man nach Bedarf öffnet und schließt. Jeden Abend werden die Schildkröten wieder in ihr Gehege eingesperrt. Und siehe da: Das lernen sie schnell. Schon nach einer Woche gehen sie freiwillig zum Schlafen wieder in ihr Haus zurück. Der große Vorteil der Weidewiese: Die Tiere haben stets frisches, saftiges Grün zum Fressen, an das sie natürlich lieber gehen als an das abgerupfte, schnell welkende Grünzeug, das wir ihnen bieten. Außerdem können die Schildkröten ihren Wandertrieb ausleben, ihre Neugier befriedigen und sich auch mal aus dem Wege gehen. Und das ist besonders wichtig, wenn »wilde« Männchen unablässig hinter den Weibchen her sind.

Umzäunte Weidewiese mit leicht zu öffnendem
und zu schließendem »Tor« (billiger, aber ge-
nausogut geht das Ganze mit Zaunlatten)

## Schildkrötenhaltung in der Wohnung?

Wie bereits gesagt, sollte es — abgesehen von Ausnahmefällen — keinen Grund geben, Schildkröten im Sommer in der Wohnung zu halten. Im Frühjahr und Herbst ist die Haltung im Haus aus klimatischen Gründen jedoch meist nötig. Auch kranke, schwache oder noch sehr junge Tiere sind im Haus oft besser untergebracht als draußen.

Doch darf man sie nicht einfach in der Wohnung laufen lassen. Am Boden ist es immer zu kalt und meistens zieht es auch noch. Besser eignen sich Behälter wie große Aquarien, Plastikwannen, Holzkisten und käufliche Mehrzweckkäfige. Idealer Bodengrund sind Stücke von Reisstrohteppichen. Sie halten den Schmutz fest, ohne selbst das Futter zu verunreinigen. Von Zeit zu Zeit werden die Stücke weggeworfen und durch frische ersetzt.

Als Schlafhaus genügt ein umgekehrter Pappkarton mit eingeschnittenem Loch und einer Füllung aus Heu, Stroh, trockenen Blättern oder Moos. Futter- und Wasserschale sollten aus Ton bzw. Keramik sein, da dieses Material standfester als Plastik ist.

Schließlich brauchen wir noch ein Rin-

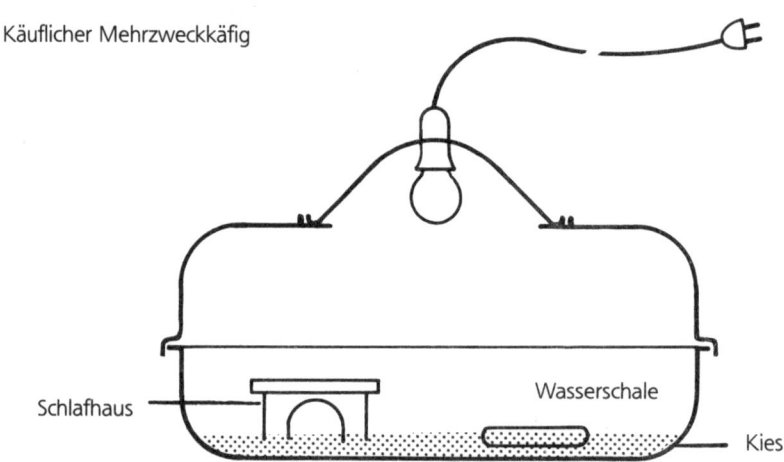

Käuflicher Mehrzweckkäfig

Schlafhaus

Wasserschale

Kies

32

denstück, einen dicken Ast oder etwas ähnliches, damit das Tier klettern kann. Was im einzelnen geeignet ist, richtet sich nach der Größe und den Körperkräften des »Bergsteigers«. Bei sehr kranken Tieren kann man sich diese Einrichtung sparen.

Als Licht- und Wärmequelle genügt meist eine Bürolampe, die so über dem Boden »hängen« soll, daß die Schildkröte mit ausgestrecktem Kopf nicht drankommt und daß die Temperatur darunter maximal 35 °C beträgt. Eine 60-Watt-Birne ist meist schon ausreichend. Bei größeren Käfigen braucht man zwei Lampen, da sonst ein zu großer Teil des Käfigs kalt und dunkel ist. Wenn man mit Neonröhren beleuchten will, muß man eine Heizung installieren, denn Neonlicht gibt kaum Wärme ab.

Als Heizung für den Zimmerkäfig eignen sich am besten Heizkabel, sogenannte Florathermkabel (in Zoofachgeschäften erhältlich). Sie werden in Schlingen unter dem Bodengrund oder dem Strohteppich verlegt, die Kabel dürfen aber weder einander noch Plastik oder andere brennbare Stoffe direkt berühren! Welche Kabellänge, d. h. welche Wattzahl man braucht, richtet sich nach der Größe der zu heizenden Fläche: Für 60 × 60 cm Grundfläche reichen ca. 40 Watt aus. Diese Art der Heizung eignet

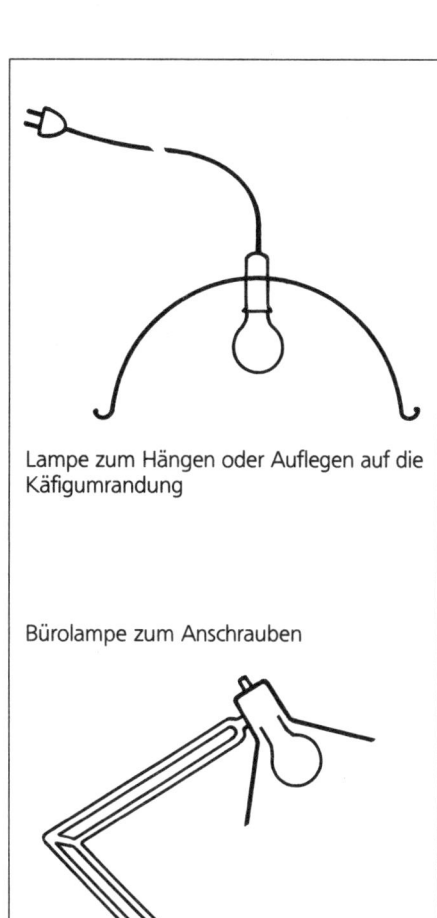

Lampe zum Hängen oder Auflegen auf die Käfigumrandung

Bürolampe zum Anschrauben

sich besonders für kranke Schildkröten, weil damit der Käfig bis in den letzten Winkel gewärmt werden kann. Die Tiere können sich dann nicht in einem dunklen Winkel verkriechen und auskühlen.

Wenn das Tier nur eine Teil-Heizung braucht, z. B. weil es zwar noch klein, sonst aber gesund ist, nimmt man ein Heizkissen, das in Plastikfolie eingeschweißt ist. Auf Stufe 1 gibt es gerade die richtige Wärme ab.

Eine andere Art der Heizung ist die Verwendung von Dunkelstrahlern. Das sind entweder Porzellanbirnen oder Kohlefadenlampen, die kein oder fast kein Licht abgeben und in jede normale Glühlampenfassung passen. (Man erhält sie in verschiedenen Watt-Stärken in Zoofachgeschäften, die Reptilien und Reptilienbedarf führen.) Sie werden wie Glühlampen in eine Bürolampe geschraubt und erwärmen den Käfig von oben.

Alle Heizungen sollten bei normalen Zimmertemperaturen (20–22 °C) nachts abgeschaltet werden. Auch Schildkröten brauchen einen Tag-Nacht-Rhythmus. Nur kranke Schildkröten sollten bis zur völligen Genesung rund um die Uhr warm gehalten werden.

Seite 35:
Argentinische Landschildkröte *(Testudo chilensis)*. Aufnahme B. Kahl

Seite 37:
Oben männliche Griechische Landschildkröte *(Testudo hermanni)*, unten weibliche Maurische Landschildkröte *(Testudo graeca)*, das Unterscheidungsmerkmal zwischen Männchen und Weibchen liegt im geteilten bzw. ungeteilten Schwanzschild. Aufnahme B. Kahl

Seite 36:
Oben: Maurische Landschildkröte *(Testudo graeca)*
Unten: Vierzehen-Landschildkröte *(Testudo horsfieldii)*. Aufnahmen B. Kahl

Seite 38:
Oben: Dosenschildkröte *(Terrapene carolina)*
Unten: Breitrandschildkröte *(Testudo marginata)*. Aufnahmen B. Kahl

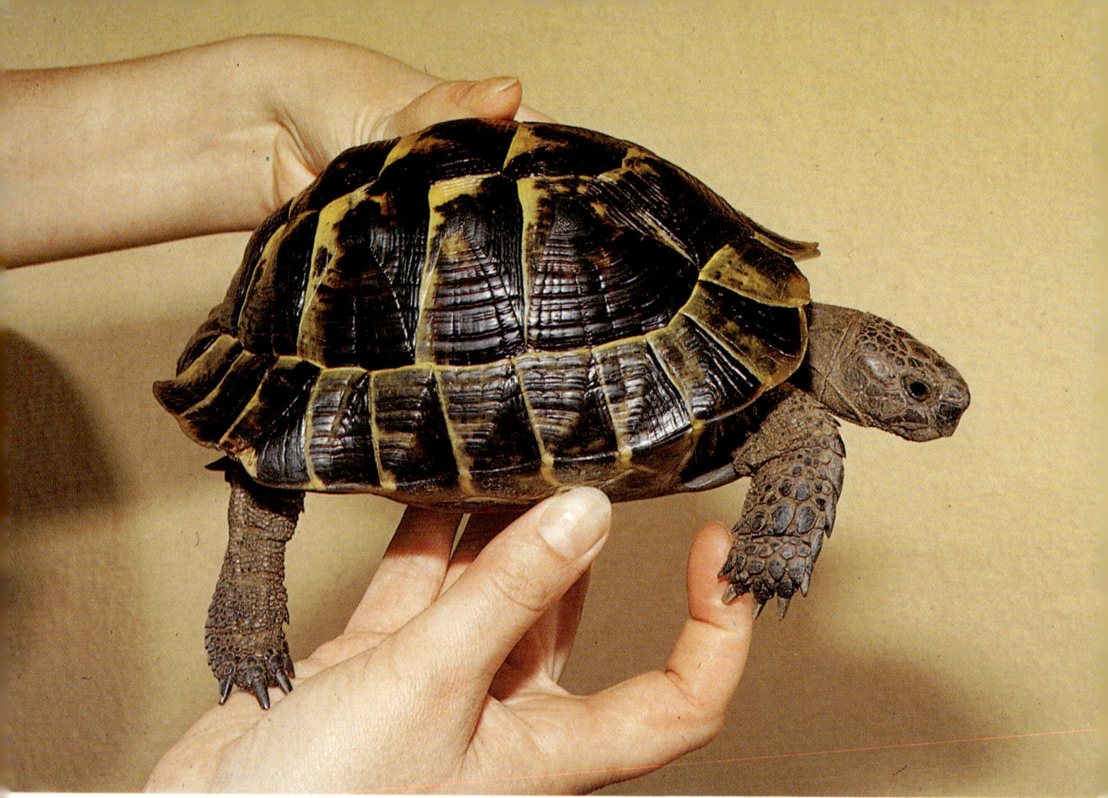

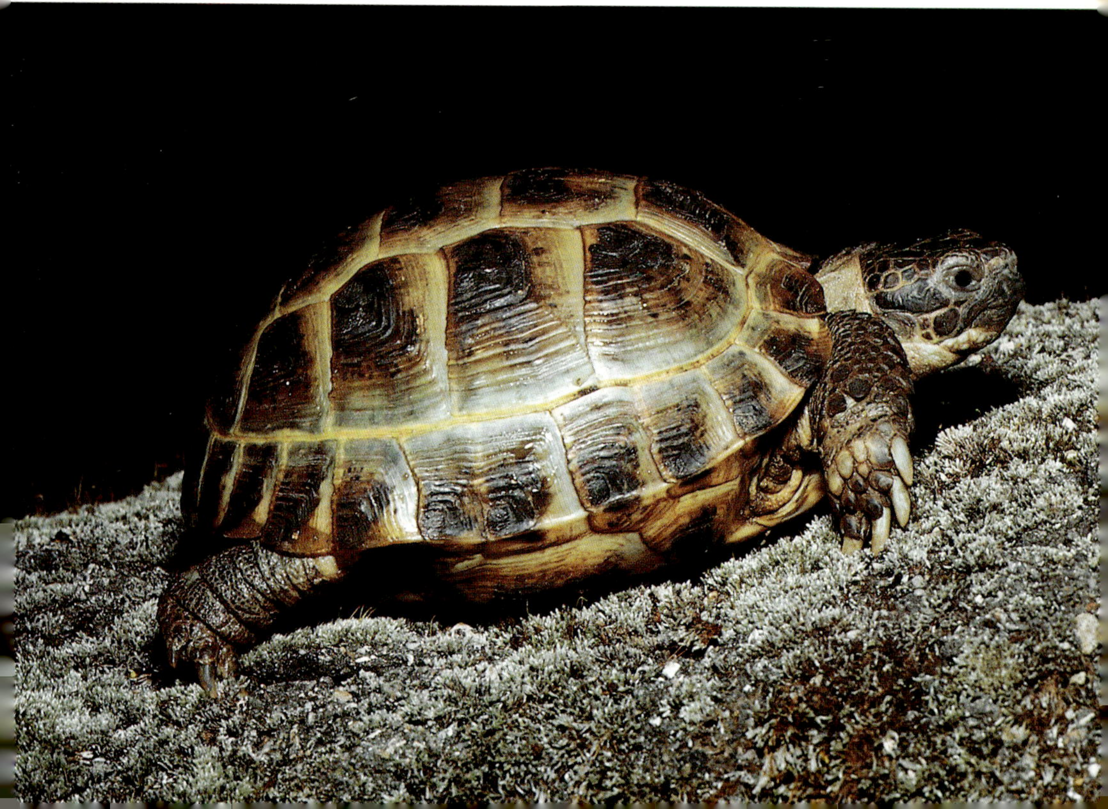

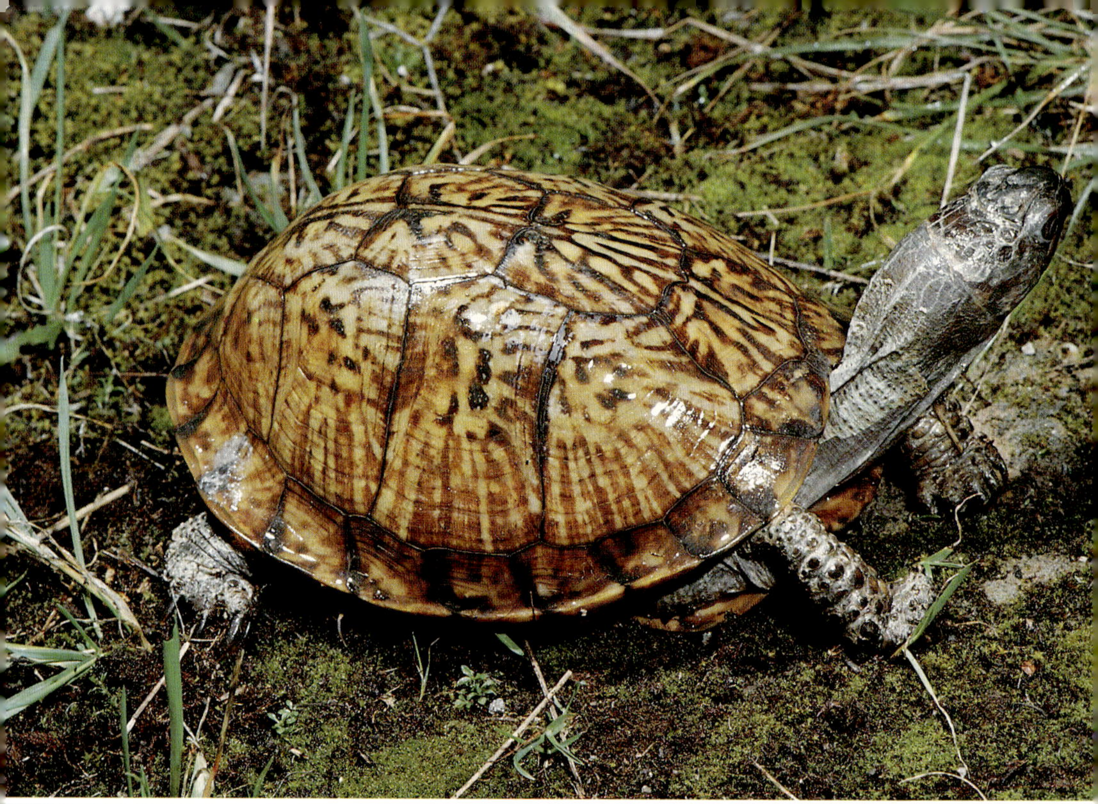
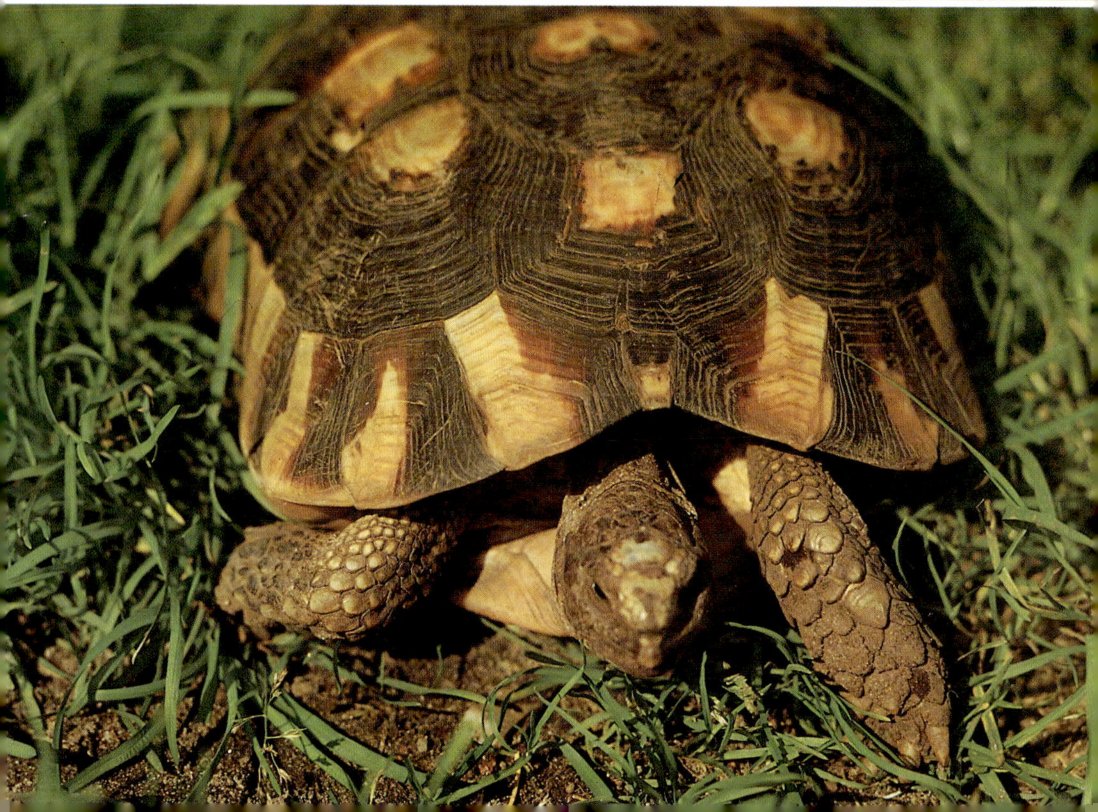

## Gesund oder krank?

chungen und Anzeichen für Störungen und Krankheit.

Die Frage, ob eine Schildkröte gesund oder krank ist, kann den Anfänger manchmal so lange beschäftigen, bis das Tier schon fast tot ist. Das kommt daher, daß uns die Ausdrucksformen von Schildkröten nicht vertraut und die äußeren Veränderungen oft minimal sind. Zuerst ein paar Grundregeln, die helfen sollen, gesunde Tiere zu erwerben und Veränderungen frühzeitig zu bemerken:
— Prüfen Sie das Tier vor dem Erwerb genau anhand der nachfolgenden 12-Punkte-Liste!
— Schreiben Sie sich alle bedenklichen Abweichungen auf!
— Beobachten Sie das Tier mindestens jeden dritten Tag beim Fressen!
— Wenn Sie das Tier in die Hand nehmen — z. B. beim Saubermachen —, schauen Sie es sich immer genau an!
— Wiegen und messen Sie das Tier regelmäßig, im Frühjahr und im Herbst, und tragen Sie die Zahlen in eine Liste ein!
In der folgenden Checkliste finden Sie alle entscheidenden Körpermerkmale und Verhaltensweisen beschrieben: normale Form, unbedenkliche Abwei-

## Checkliste

1. Panzer
*Normal:* Hart, regelmäßig und symmetrisch geformt. Keine Abschilferungen der oberen Hornschicht. Bei jungen Tieren sollen jedes Jahr Wachstumsringe zu sehen sein, die auch nach dem Winterschlaf noch zu erkennen sein müßten. Wie stark die Wachstumsrillen im Lauf der Jahre zu sehen bleiben, hängt davon ab, wie sehr die Tiere sich im Boden vergraben können.
*Unbedenklich:* Vernarbte Wunden, Löcher in den Randplatten (soweit man sie nicht selbst hineinbohrt!), untypische Form einzelner Platten und asymmetrischer Wuchs bei Schildkröten, die nur drei Beine haben.
*Bedenklich:* Weicher und gänzlich deformierter Panzer (beides Kalzium- und Vitamin-D3-Mangel), aufgescheuerter Bauchpanzer (über zu rauhen Boden gerutscht), Abschilferungen der obersten Hornschicht (Pilze). Offene Wunden, die vielleicht sogar eitern oder mit Fliegenmaden verseucht sind.

### 2. Beine

*Normal:* So kräftig, daß sich die Schildkröte kurze Zeit in der Schwebe halten kann, wenn man sie zwischen Daumen und Zeigefinger hängt. Die Krallen sollen glatt und mittellang sein. Die Haut in den Beinhöhlen soll bei gestrecktem Bein leicht nach innen gewölbt sein, bei eingezogenen Beinen nicht daneben hervorquellen. Ist die Höhlung zu tief, bedeutet das Untergewicht, quillt die Haut raus, ist das Tier zu fett.

Beinstellung beim Gehen fast rechtwinklig nach unten.

*Unbedenklich:* Sehr kurze oder sehr lange Krallen. Beides zeigt nur, daß das Tier bislang auf falschem Untergrund gelebt hat, und reguliert sich bei richtiger Haltung von selbst. Ein feh-

Kraftprobe

lendes Bein mit verheiltem Stumpf hindert das Tier zwar an der Nachzucht, nicht aber am Weiterleben in Gefangenschaft!

*Bedenklich:* Aufgesplitterte oder bis ins Fleisch abgewetzte Krallen (endgültige Schäden durch falschen Untergrund). Seitlich abgespreizte Beine beim Gehen (zeitweilige Schwäche, lange Haltung auf glatten Böden, Vitamin- und Kalkmangel im Wachstum oder alles zusammen). Schlaffe Beine, die beim Wegziehen vom Körper keinen Widerstand spüren lassen (Lähmung oder extreme Schwäche), offene oder gar eiternde Wunden.

Zecken schaden nur in großer Zahl, müssen aber doch entfernt werden, um Infektionen zu vermeiden.

### 3. Kopf, Hals

*Normal:* Bei Berührung der Nase wird der Kopf schnell in den Panzer zurückgezogen. Kippt man das Tier zur Seite, bleibt der Kopf in seiner ursprünglichen Lage. Dünne Hautfetzen an Hals und Beinen bedeuten, daß das Tier gewachsen ist und sich — übrigens nur an diesen zartschuppigen Stellen — häutet.

*Bedenklich:* Kein Einziehen des Kopfes bei Berührung der Nase (meist kurz vor dem Tode). Bei Drehung des Körpers hin und her pendelnder Kopf (Lähmung oder extreme Schwäche).

### 4. Nase und Atem

*Normal:* Trockene, freie Nasenlöcher, ruhiger Atem, den man kaum hört. Beim plötzlichen Zurückziehen stößt das Tier Atemluft mit zischendem Laut aus der Nase. Wenn es sich für etwas stark interessiert, atmet es kurze Zeit schniefend und »pumpt« dabei mit den Vorderbeinen.

*Bedenklich:* Schleimiger Nasenausfluß und/oder dauernd geräuschvoller Atem (Schnupfen, Bronchitis, Lungenentzündung).

### 5. Augen

*Normal:* Klar blauschwarz, in geöffnetem Zustand fast rund. Lider weißlich oder schwarz, je nach Art.

*Bedenklich:* Eingesunkene Augen mit sichtbarem Abstand zwischen Augapfel und Augenhöhle (extrem mager). Verklebte, verquollene Lider, weißer Schleim in den Augenwinkeln, weißer oder gelblicher Belag auf den Augen (Infektion, Verletzung, Vitaminmangel, Zugluft).

### 6. Maul

*Normal:* Glatte Hornschneiden, die obere greift ein wenig über die untere. Heftige Gegenwehr, wenn man versucht, das Maul zu öffnen. Innen, direkt am Kiefer, gelbliche Färbung, sonst rosa bis rot. Zunge glatt und rosa.

*Bedenklich:* Stark gewucherte Hornschneiden in Form eines Papageienschnabels (über längere Zeit zu wenig hartes Futter). Widerstandsloses Öffnenlassen des Maules (Schwäche). Gelbliche Färbung der ganzen Mundhöhle (Eisenmangel). Eiterpickel auf der Zunge (Vitaminmangel, Infektion).

Normaler Kiefer

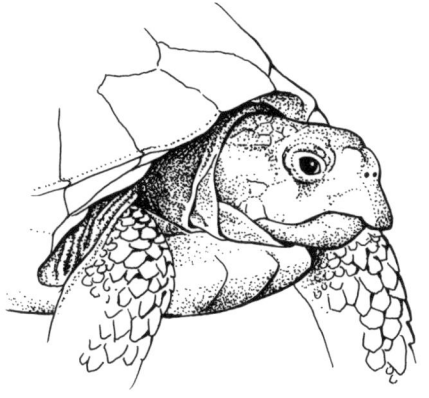

Papageienschnabel

# Gesund?

## 7. Kloake

*Normal:* Fest geschlossen, bis ins Zentrum mit feinschuppiger Haut versehen. Bei Männchen tritt beim Urinieren der rosa Penis aus der Kloake aus.

*Unbedenklich:* Weiche, etwas geöffnete, leicht ausgestülpte Kloake beim Weibchen direkt nach der Eiablage. Dies muß sich jedoch spätestens nach zwei Tagen zurückgebildet haben. Beim Männchen treten manchmal blutige Wunden neben der Kloake auf als Folge zu heftiger Kopulationsversuche. Sie heilen von selbst, wenn der Anlaß beseitigt wurde, das heißt, wenn das Weibchen für einige Zeit extra gesetzt wurde.

*Bedenklich:* Kloake unvollständig geschlossen mit einem Wulst von rosa Haut drumherum (Darmvorfall). Kleine, aber tiefe Wunden neben oder in der Kloake, die sich bei näherer Untersuchung als Darmfisteln erweisen.

## 8. Kot und Urin

*Normal:* Kot grünbraun bis dunkelbraun — je nach Futter — und mehr oder weniger stark geformt. Abgabe mindestens alle drei Tage. Bei großer Beunruhigung können Schildkröten »Angstdurchfall« bekommen. Der Urin ist farblos und enthält weißen Schleim. Auch er kann vor lauter Angst abgegeben werden.

*Bedenklich:* Kot sehr fest oder sehr selten abgegeben (Verstopfung). Kot flüssig, schleimig oder gar mit Blut durchsetzt (Durchfall, Darminfektion oder Würmer). Bei Wurmbefall gehen hin und wieder lebende weiße Würmer ab, die ungefähr so lang wie ein Streichholz sind, nur sehr viel dünner. Wurmeier lassen sich nur mikroskopisch nachweisen.

## 9. Bewegung

*Normal:* Wesentlich schneller als »Schneckentempo«. Der Panzer wird freischwebend über den Boden getragen. Umgefallene Schildkröten können sich auf unebener Fläche wieder umdrehen.

*Bedenklich:* »Bauchrutscher«, zittrige Fortbewegung oder Einknicken der Beine beim Gehen (Schwäche oder Vitaminmangel).

## 10. Wärmespeicherung, Sonnen

*Normal:* Selbständiges Aufsuchen von warmen Plätzen. Das Tier legt sich so, daß es möglichst viel Wärme (von unten oder oben) abbekommt. Dabei werden die Hinterbeine lang nach hinten gestreckt, der Kopf hängt über den unteren Panzerrand herunter, und die Augen sind geschlossen. Die gespeicherte Wärme hält für einige Zeit vor.

*Bedenklich:* Obwohl das Tier zu kalt und »Sonne« vorhanden ist, verkriecht es sich in einer kalten und dunklen

Ecke. Zwangsweise der Wärme ausgesetzt, läuft es wieder fort und bleibt mit eingezogenem Kopf und Beinen liegen. Diese »Laßt-mich-doch-in-Ruhe-sterben«-Stellung deutet auf große Erschöpfung im allgemeinen oder schwere Krankheit. In diesem Zustand ist das Tier nicht mehr in der Lage, die aufgenommene Wärme über längere Zeit zu speichern.

## 11. Fressen, Trinken

*Normal:* Aktive Futtersuche. Zur gewohnten Fütterungszeit schon aufs Futter warten. Abbeißen im Sekundentakt. Futterneid geht bis zum Wegreißen ganzer Bissen aus dem Maul des »Nachbarn«.
Beim Trinken hält die Schildkröte ihr Maul bis zur Nase ins Wasser. Die Schluckbewegung ist deutlich am Hals zu sehen.

*Bedenklich:* Bei schönem Wetter zur gewohnten Fütterungszeit im Stroh liegen bleiben. Hocken vor »leckerem« Futter. Zubeißen, ohne etwas abzubeißen (Schwäche oder Blindheit).
Statt fressen nur noch sehr viel trinken.

## 12. Schlafen

*Normal:* Auf geheiztem Boden schlafen Schildkröten ähnlich wie beim Sonnen — mit ausgestreckten Beinen und Kopf. Auf kaltem Boden und auch im Winterschlaf schlafen sie mit halb eingezogenem Kopf und Beinen.
*Bedenklich:* »Schlafende« Schildkröten, deren Kopf tief in den Panzer eingezogen ist, während die Beine halb draußen hängen, sind entweder tot oder im Sterben.

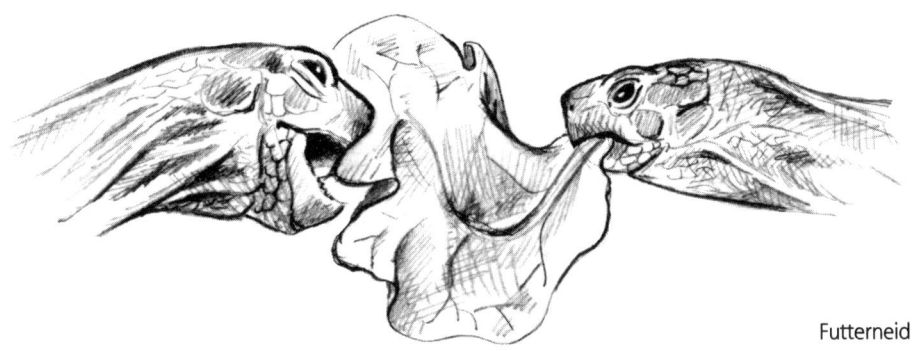

Futterneid

43

# Speisekarte für Landschildkröten

Landschildkröten sind (fast) Allesfresser. Es ist eigentlich gar kein Problem, sie abwechslungsreich und vielseitig zu ernähren. Nur muß man sich ein für allemal vom Glauben verabschieden, ein Salatblatt pro Tier und Tag sei genug!

Es stimmt zwar: Salat in jeder Form ist außerordentlich beliebt bei Schildkröten. Er enthält auch manche Vitamine, aber eben nicht alle, kaum Mineralien und schon gar kein Eiweiß. Und aus Mineralien und Eiweiß besteht der »schwerwiegendste« Teil der Tiere: ihr Panzer. Deshalb brauchen Schildkröten nicht nur Pflanzenkost, sondern auch Eier, Fleisch, Quark oder — noch besser — Regenwürmer, Schnecken und anderes Kleingetier.

Zum Glück sind muntere Landschildkröten recht neugierig auf alles Freßbare. Es wird berochen und — wenn es ansprechend erscheint — auch gekostet. Was dann folgt, entscheidet, ob die Futtersorte »Zukunft« hat oder nicht:

— Ausspucken heißt: Abgelehnt.
— Nach ein, zwei Bissen weggehen heißt: Ist nicht ganz mein Fall.

— Kräftig reinhauen heißt: Davon bitte mehr.

Man darf und soll also herumprobieren. Denn fast jedes Tier hat seine eigenen Vorstellungen, was gut ist und was nicht. Und die wechselt es auch noch — manchmal von einem Monat zum andern.

Es ist schier unmöglich, eine Schildkröte zu zwingen, etwas zu fressen, was sie nicht mag. Eigensinn ist eine ihrer hervorstechenden Eigenschaften! Vor allem einzeln gehaltene Tiere versteifen sich oft hartnäckig auf bestimmte Nahrungsmittel — auch wenn die noch so unzulänglich sind. Futterneid, der natürliche Lehrmeister, fällt dann ja weg.

Doch überlisten kann man Schildkröten schon — auch Einzelgänger —, und zwar mit dem »Mogel-Eintopf«. Hier das Rezept:

Man nehme das bekannte Lieblingsfutter, verarbeite es zu Brei und vermische diesen langsam mit steigenden Mengen neuer Zusätze. Zum Beispiel mit Vitamintropfen, Kalkpulver, Quark oder Fleisch. Solange das Lieblingsfutter noch »vorschmeckt«, funktioniert dieser »Trick« meist ausgezeichnet.

Manche Schildkröten scheinen von sich aus zu spüren, daß ihnen etwas fehlt und was. Sie knabbern unverdrossen an ganzen Sepiaschalen,

»jagen« Regenwürmer und Schnek- ken, die zufällig auf ihrem Wiesen- stück erscheinen, und renken sich den Hals nach Kräutern aus, die über ihren Zaun wachsen. Am auffallendsten ist, wie die Tiere auf einer kräuterhaltigen Wiese umhergehen. Sie suchen sich ganz offensichtlich bestimmte Blätt- chen aus, die ihnen schmecken und gut tun.

Andere Schildkröten verkümmern lie- ber, als daß sie die natürlichen oder künstlichen Heilmittel gegen ihre Mangelkrankheiten annehmen. Für sie ist der »Mogel-Eintopf« wie ge- schaffen. Auf diese Weise hat schon manche Schildkröte etwas geschluckt, was sie ohne Trick weit von sich weisen würde.

## Eintopf à la Testudo

Eintöpfe sind nicht nur zum Mogeln gut, breiartige Mischungen erfreuen sich stets großer Beliebtheit. Grundla- ge für diese Eintöpfe sind: Reisbrei, Maisbrei, Grießbrei, eingeweichtes al- tes Brot, Getreideflocken für Hunde, Vollkornteigwaren, Haferflocken, Ger- stenflocken.

Hinzu kommen gekochtes Obst und Gemüse mit der Brühe (zur Not auch aus der Dose), frisches zerdrücktes Obst, Tomaten, Quark, Eier, Hack- fleisch, gehackte Brennesseln und — als vitaminreiche Würze — Petersilie. Unserer Fantasie sind kaum Grenzen gesetzt. Nur scharfe Gewürze sind für Schildkröten verboten! Salz ist auch nur in ganz geringen Spuren erlaubt. Solange das Futter nicht sauer wird, schimmelig oder faul, solange ist vieles möglich, sogar Kirschen mit Petersilie und Hackfleisch mit Bananen.

Als Haupt- und Alleinfutter ist jedoch auch der köstlichste Brei nicht geeig- net. Er bietet den Hornleisten am Schildkrötenmaul keinen Widerstand und damit keine Gelegenheit, sich ab- zunützen. Folge: Nach einiger Zeit wachsen regelrechte Papageienschnä- bel heran, die beschnitten werden müssen. Nur, wer stemmt einer gesun- den, starken und stumm entschlosse- nen Schildkröte das Maul auf, ohne sie zu verletzen? Also besser vorbeugen! Eintopf gibt es höchstens jeden zwei- ten Tag. Sonst Futter zum Beißen und Rupfen.

## Grünfutter Marke »Eigenbau«

Eine Liste der für Schildkröten geeig- neten Kräuter, Obst- und Gemüsesor-

# Speiseplan

ten könnte lang sein. Doch genauso lang dürfte die Liste all jener Gifte werden, die auf und im Futter zu finden wären. Ich kann mit gutem Gewissen niemandem mehr raten, Löwenzahn von einer x-beliebigen Wiese zu sammeln. Vielleicht liegt direkt daneben ein Feld, auf dem gerade hochgiftige Substanzen versprüht wurden? Auch sollten die äußeren Blätter von Salat und Kohl aus unserer Küche nicht mehr als Tierfutter herhalten, wenn sie aus der üblichen Produktion stammen. In den äußeren Blättern sind nämlich die meisten Rückstände von Pflanzenschutzmitteln.

Relativ sicher kann man nur bei Futter Marke »Eigenbau« sein. Ideal ist ein Rasen, der zur Wiese wurde, ein paar Beete mit Salat und Gemüse und ein paar Obstbäume und -sträucher. Geben wir einfach den Kampf gegen Gänseblümchen, Klee und Hahnenfuß, Löwenzahn, Ehrenpreis und Wegerich im Rasen auf! Sparen wir uns Dünger, Unkrautvernichter und wöchentlichen Schnitt. Bauen wir einfach einen Zaun um die neue Wiese und lassen unsere Schildkröten »weiden«. Die Tiere werden zwar kaum die Kräuter und bestimmt nicht das Gras (das sie nicht so mögen) kurz halten können, wir sind aber den ganzen Sommer die Sorge um das Grünfutter los. Vom Gemüse und vom Obst im Garten

nehmen wir für uns, was schön und ohne Läuse ist. Den Rest, auch das ausgezupfte Unkraut, bekommen die Schildkröten. Wir werden sehen: Stabilere Tiere als solche, die sich durch ein giftfreies Gartenjahr fressen durften, gibt es nicht!

Als Zufutter genügt dann einmal in der Woche etwas Hackfleisch mit Kalk — und schon ist alles getan.

Wer keinen Garten hat, muß sich mit gekauftem Futter behelfen. Mit gründlich gewaschenen Salaten und Kohlsorten, mit geschälten Tomaten und geschältem Obst. (In der Schale ist die Konzentration von Spritzmittelrückständen am größten!) Möhren, die gekocht oder geraspelt ein ausgezeichnetes Futter bieten, kaufe ich allerdings nur aus biologischem Anbau. Denn dieses Wurzelgemüse nimmt aus dem Boden sehr viele Giftstoffe auf, die man weder abschälen noch abwaschen kann. Manche Gemüsesorten, z. B. Bohnen oder Blumenkohl, fressen Schildkröten meist nur in gekochtem Zustand. (Das Kochwasser kann man aber sehr gut zur Herstellung eines »Eintopfes« verwenden!) Alles Obst muß reif, kann sogar überreif sein. Schimmelige und faulende Früchte sind jedoch kein Tierfutter mehr! Früchte mit festem Fleisch — wie Äpfel und Birnen — sollte man schnitzeln oder raspeln. Melonen wer-

den in grobe Stücke geschnitten und ausnahmsweise nicht geschält. Die Tiere nagen gerne und ausdauernd die Schalen bis auf den letzten Rest aus — das wiederum tut ihren Hornkiefern sehr gut.

## 12 Uhr — Essenszeit!

Wenn Schildkröten ihr Futter nicht überwiegend selbst suchen dürfen, soll man sie an feste Fütterungszeiten gewöhnen, und zwar mindestens einmal am Tag, entweder am späten Vormittag oder am Nachmittag. Sie werden bald selbst merken, daß dies genau die Zeiten sind, an denen Schildkröten ohnehin am aktivsten sind.

Der Futterplatz soll vor Regen geschützt und leicht zu reinigen sein. Schüsselchen eignen sich nur für wenige Tiere, denn Schildkröten sind futterneidisch. Immer auf der Suche nach den besten Brocken aus des Nachbars Maul sitzt schließlich ein

Tier in der Schale und läßt die »Kollegen« nicht mehr ran. Um das zu verhindern, besorgt man sich am besten vom Dachdecker oder im Baumarkt ein Stück Regenrinne und baut es so ein, wie die Zeichnung zeigt. Jetzt kann sich keine große Schildkröte mehr breit machen, und das Herumschmieren mit dem Futter hält sich in Grenzen.

Über die Futtermenge kann ich keine verbindlichen Angaben machen nach der Art: Ein Tier, das so und soviel wiegt, muß so und soviel fressen. Grundsätzlich kann man jedoch sagen:
— Fette Schildkröten bekommen einmal am Tag Grünfutter und viel hartes Futter, damit sie »arbeiten« müssen.
— Magere Tiere bekommen kalorien- und vitaminhaltige Eintöpfe im Wechsel mit Obst. Und sie bekommen Futter, so oft sie wollen, auf jeden Fall zweimal am Tag!

Regenrinnen-Futterplatz

47

# Vorbeugen ist besser als Heilen!

Von kleinen Wehwehchen abgesehen ist die Gesundheit von Schildkröten bei guter Pflege sehr stabil. Wohlgemerkt, bei guter Pflege! Die ist in jedem Fall einfacher und erfreulicher als jede noch so perfekte Krankenbehandlung. Zur Vorbeugung gegen Krankheiten gehört außer einer guten Pflege auch die genaue Beobachtung der Schildkröte. Denn Krankheiten, die man im Anfangsstadium erkennt, sind nur halb so schwierig zu heilen wie chronische Fälle. Wenn sich erst zum eigentlichen Symptom — wie Schnupfen oder Durchfall — allgemeine Schwäche und Kreislaufschwierigkeiten gesellen, werden die Heilungsaussichten rapide schlechter. Schließlich kommt das Tier in den gefürchteten Zustand, in dem es Wärme nicht mehr selbständig aufsucht und auch nicht mehr speichern kann.

Die folgenden drei Grundsätze sollten daher so rasch wie möglich angewandt werden:

1. Grundsatz:
— Kranke und/oder schwache Landschildkröten brauchen bis zur völligen Genesung immer Dauerwärme um 30 °C. Sie sollten daher am besten Tag und Nacht in einem kleinen Behälter mit Bodenheizung untergebracht werden und mindestens 8 Stunden Licht pro Tag bekommen.

2. Grundsatz:
— Auf keinen Fall das »Friß-Vogel-oder-stirb«-System anwenden. Hungerkuren schwächen das ganze Tier und schädigen den Darm. Ich greife daher recht früh zu einer Einwegspritze ohne Nadel aus der Apotheke. Dahinein fülle ich nahrhaften Schleim: Babynahrung, Nutramigen oder Boviserin (auch aus der Apotheke). Je nach vermuteter Ursache der Krankheit setze ich

— 10 Tropfen Schildkrötenhilfe (gegen Vitaminmangel)
— 10 Tropfen Echinacin (gegen Infektionen)
— den Inhalt einer Kapsel Perenterol (gegen Verdauungsstörungen)
— und/oder 10 Tropfen des Kreislaufmittels Angioton (bei Schlappheit) pro Tagesration zu.

Und dann, dann wird zwangsgefüttert: Je schwächer das Tier, desto geringer die Menge pro Mahlzeit, desto häufiger jedoch die Fütterung.

Die zwangsweise Öffnung eines

48

# Krankheiten

Schildkrötenmaules allerdings muß man schon ein bißchen üben. Denn das Tier wird sich wehren, solange es noch einen Funken Kraft hat. Zuerst muß man den Kopf zu fassen kriegen. Falls der aber mißtrauisch eingezogen wird, hilft nur ein Trick: Halten Sie das Tier für kurze Zeit mit dem Kopf nach unten. Die Schildkröte wird bald versuchen, diese ihr unangenehme Lage zu ändern — und der Kopf kommt zum Vorschein. Dann greifen wir von oben mit Daumen und Zeigefinger seitlich(!) hinter die Backenknochen und verhindern so einen erneuten Rückzug. Mit einem Fingernagel der rechten Hand (nie mit einem Instrument!) öffnen wir dann vorsichtig das Maul und klemmen schnell einen freien Finger der linken Hand zwischen die Kiefer. Jetzt nehmen wir die vorbereitete Nahrungsspritze und füllen den Schleim ins Maul, aber nicht zu tief. Sobald das Maul zuklappt, wird zwar einiger Schleim wieder herausquellen, das macht aber nichts. Man sollte nur nachprüfen, ob die restliche Mahlzeit auch geschluckt wird. Manche Tiere warten nämlich einfach, bis sie wieder in ihrem Behälter sitzen, und spukken dann alles wieder aus. Die Schluckbewegung sieht man an der Unterseite vom Hals. Man kann sie fördern, indem man zart am Hals entlangstreicht.

Solange die Prozedur der Zwangs-

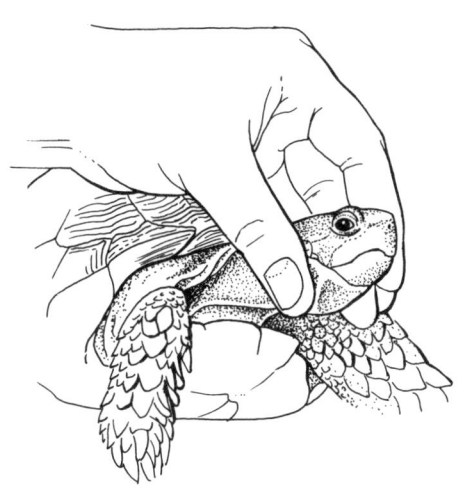
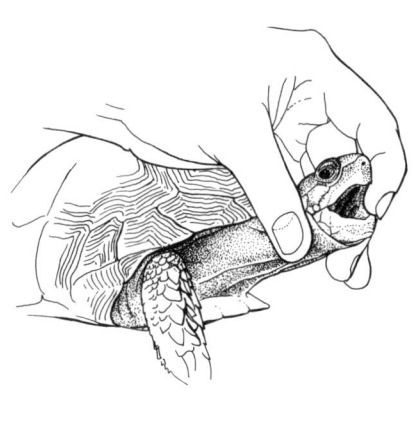

Zwangsfütterung

49

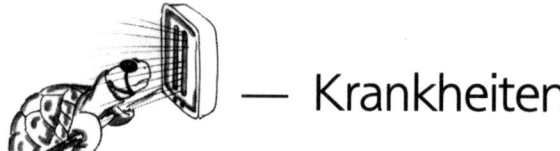

fütterung möglich ist, ist sie auch nötig — es sei denn, der Patient entschließt sich zum Selberfressen, und dazu führe man ihn möglichst oft und phantasiereich in Versuchung. Denn Selberfressen ist allemal besser als Zwangsfütterung!

Wenn eine Schildkröte schon so schwach ist, daß Dauerwärme und Zwangsfütterung auch keinen Ansatz von Besserung bringen, kommt der 3. Grundsatz zum Tragen: Der Gang zum Tierarzt. Nur er kann Medikamente spritzen, und gespritzte Arzneimittel helfen immer schneller als gefressene. (Gespritzt wird unter die feine Haut am Hinterbein.)

Solange es sich um Medikamente handelt, die in diesem Buch angegeben sind, ist der Nutzen größer als die Gefahr. Vorsicht jedoch mit Antibiotika, Sulfonamiden und Narkosemitteln, die noch nicht ausreichend an Schildkröten erprobt wurden! Viele helfen nicht, sondern töten das Tier durch einen Unverträglichkeitsschock.

— Bei kniffligen Fragen oder schwierigen Krankheiten sollten wir also versuchen, einen Tierarzt zu finden, und zwar einen, der mit Schildkröten Erfahrung hat. Das kann der Betreuer des nächsten Zoos sein, ein Tierarzt, der an einer Tierklinik arbeitet, oder ein Tierarzt an einer Universität. Außerdem hilft die Deutsche Gesellschaft für Herpetologie und Terrarienkunde e. V. (DGHT), Senckenberganlage 25, 6000 Frankfurt/Main. Mitglieder dieser Vereinigung erhalten kostenlos die Zeitschrift »Salamandra« mit vielen Informationen. Und es steht ihnen eine umfangreiche Adressenkartei von Spezialisten zur Verfügung.

Nach diesem Schema lassen sich viele Krisen im Schildkrötenleben meistern. Vor allem bei Tieren, die »nur« durch unsachgemäße Pflege heruntergekommen sind, kann man kleine Wunder bewirken. Nach dem Wunder muß allerdings unbedingt eine dauernde Verbesserung der Lebensumstände des Tieres einsetzen, sonst hilft die beste »Intensivtherapie« nichts!

# Krankheiten — erkennen und behandeln

Augenentzündung
*Ursache:* Mechanische Verletzung, Infektion, Vitaminmangel.
*Behandlung:* Auswaschen mit Kamillentee. Danach etwas Irgamid-Augensalbe (rezeptpflichtig) auf und ins Auge streichen. Täglich hohe Dosen von Vitamin A geben.
*Heilungsaussichten:* Sehr gut, solange der Augapfel oder die Hornhaut noch nicht zerstört sind.

Darmvorfall
*Ursache:* Unbekannt. Heilung nicht möglich.
*Behandlung:* Echinacin-Salbe auf die vorgetretene Darmhaut auftragen, um sie zu festigen.

Durchfall
*Ursache:* Falsche Ernährung, vor allem mit angegorenem Futter oder mit Salat im Anschluß an milchhaltiges Futter. Würmer.
*Behandlung:* Wenn das Tier nicht schon zu schwach ist, zwei Tage hungern lassen. Dann Babynahrung mit schwarzem Tee, Kamillentee und etwas Tannalbinpulver anrühren und eingeben. Später Wasser-Reisbrei, geschabte Möhren, Bananen und frische Weidenblätter füttern.
Den frischen Kot auf Würmer untersuchen lassen! (Siehe auch Seite 53)
*Heilungsaussichten:* Sehr gut, wenn die Ursache rechtzeitig gefunden und bekämpft wird. Falls der Darm schon zu sehr geschädigt ist, kann man solche Tiere nur schwer mit lebenslanger Diät am Leben halten.

Eisenmangel
*Ursache:* Einseitiges, eisenarmes Futter.
*Behandlung:* In leichten Fällen ein Eisenpräparat für Kinder, das dreiwertiges Eisen enthält, ins Futter mischen oder ins Maul tropfen. In schweren Fällen vom Tierarzt zwei- bis dreimal ein Eisenpräparat spritzen lassen. Danach immer wieder das Kinderpräparat ins Futter mischen. Spinat füttern!

Erkältung/Lungenentzündung
*Ursache:* Kälte, Feuchtigkeit, Zugluft, Infektion.
*Behandlung:* Feucht-warm halten. Am besten nicht lange herumdoktern, sondern schnellstens zum Tierarzt und Gentamycin spritzen lassen, und zwar 4 mg pro kg Körpergewicht, dreimal im Abstand von je 3 Tagen. Gleichzei-

tig warm und trocken halten und jede Zugluft vermeiden.

*Heilungsaussichten:* Sehr gut. Rückfälle vermeiden!

## Lähmungen

*Ursache:* Unbekannt, vielleicht Vitaminmangel.

*Behandlung:* Sofort zum Tierarzt, Cortison und Neurobion spritzen lassen. Warm halten. Futter sehr klein schneiden, damit das Tier ohne Kraftaufwand fressen kann.

*Heilungsaussichten:* Im Anfangsstadium gut.

## Panzerabschilferungen

*Ursache:* Möglicherweise Pilze.

*Behandlung:* Lose Teile der oberen Panzerschicht ablösen und die befallene Schicht darunter täglich mit pilztötenden Mitteln, z. B. Mycojellin, einstreichen. Keine Ritze vergessen, sonst frißt sich die Krankheit immer weiter.

*Heilungsaussichten:* Gut, doch bleiben die Schäden immer sichtbar.

## Panzererweichungen, Panzerdeformierungen

*Ursache:* Kalzium- und Vitaminmangel. Also falsche Ernährung und zu wenig UV-Licht.

*Behandlung:* Kalk in Form geriebener Eierschale, Sepiaschale oder Kalktabletten ins Futter geben. Außerdem anfangs täglich, später wöchentlich einmal 1—4 Tropfen Vigantol ins Futter oder direkt ins Maul. Sobald der Panzer fest geworden ist, genügt einmal wöchentlich UV-Bestrahlung.

*Heilungsaussichten:* Gut, doch verschwinden die rachitischen Verformungen nie mehr. In schweren Fällen hindern sie das Tier am weiteren Wachsen.

## Papageienschnabel

*Ursache:* Zu wenig hartes Futter.

*Behandlung:* Vorsichtig mit einer Nagelzange oder einem kleinen Seitenschneider die Hornschneiden in die richtige Form schneiden. Dann mit einer feinen Feile sehr vorsichtig nachfeilen. Aber keinesfalls die Zunge dabei verletzen.

*Heilungsaussichten:* Nicht dauerhaft.

## Vergiftung

*Ursache:* Fressen von giftigen Pflanzen oder von vergifteten Schnecken.

*Behandlung:* Bei vermuteter Vergiftung zerdrückte Tabletten aus Mariendisteln (Reformhaus) mit wenig Futter oder Wasser geben. Dazu viele Vitamine. Bei schweren Fällen hilft das nicht mehr.

## Verstopfung

*Ursache:* Falsche Ernährung, Bewegungsmangel, Schädigung des Dar-

mes durch Medikamente.
*Behandlung:* Kopfsalat füttern. Eventuell etwas Abführtee einflößen. Täglich bis zu 1½ Stunden lauwarm baden. Bewegung verschaffen.
*Heilungsaussichten:* Sehr gut.

## Vitaminmangel
*Ursache:* Falsche Ernährung.
*Behandlung:* Zunächst eine Woche lang täglich ein Multivitaminpräparat ins Maul oder ins Futter geben. Danach besser füttern!
*Heilungsaussichten:* Gut, solange keine Dauerschäden aufgetreten sind.

Natürliches Vorkommen der Vitamine:
— Vitamin A: In Petersilie, Spinat, Karotten, frischen Eiern und frischer Fischleber und generell in grünen Pflanzenteilen.
— Vitamin B: In frischer Leber, Hülsenfrüchten, Hefe und Pflanzenölen und generell in grünen Pflanzenteilen.
— Vitamin C: In Petersilie, Orangen, Erdbeeren, Johannisbeeren, Kiwis, Kohl.
— Vitamin D: In frischem Fisch, Lebertran, einigen Schneckenarten und Regenwürmern.
— Vitamin E: Kann im Darm von der körpereigenen Darmflora gebildet werden. Außerdem ist es in Kohl, Leber, Spinat, Petersilie, Tomaten, Erdbeeren und grünem Salat enthalten.

## Würmer
*Ursache:* Infektion mit Wurmeiern durch Kot von infizierten Schildkröten, verschmutztes Futter und verseuchten Boden.
Den frischen Kot auf Würmer untersuchen lassen.
*Behandlung:* 50 mg Fenbendazol (= Panacur) pro kg Körpergewicht an drei aufeinanderfolgenden Tagen geben. Die Kur muß wiederholt werden. Bei Ascariden (Spulwürmern) nach 21 Tagen, bei Oxyuren (Fadenwürmern) nach 56 Tagen. Dieser Zeitabstand entspricht dem Entwicklungszyklus der Würmer.
*Heilungsaussichten:* Gut. Wiederinfektion verhindern; das heißt Käfige, Futternäpfe und Wasserbecken mit Desinfektionsmittel-Lösung abwaschen. Gartengehege umgraben oder mit wurmfreier Erde bedecken.

## Wunden im Panzer
*Ursache:* Meist bei ganz oder halb eingegrabenen Tieren durch Rasenmäher oder Spaten.
*Behandlung:* Verletzungen, die nur die Horn- und Knochenschicht des Rückenpanzers betreffen, mit Desitin-Salbe einstreichen. Am Bauchpanzer

# Krankheiten

muß zusätzlich mit Mull und Pflaster ein Schutz angebracht werden. Tiefe Wunden, die bis ins Fleisch reichen, muß der Tierarzt behandeln. Tiere im Zimmer halten, damit die Wunden nicht von Fliegen mit Eiern und Maden verseucht werden.
*Heilungsaussichten:* Sehr gut bei sorgfältiger Pflege.

### Wunden in den Weichteilen
*Ursache:* Mechanische Verletzung durch Nägel, Schrauben, Eisenteile, Draht oder Holzsplitter. Eingeklemmte und abgerissene Zehen. Dauernde Kopulationsversuche bei Männchen. Darmfisteln, wenn bei älteren Weibchen bei der Eiablage die Darmwand beschädigt wird.
*Behandlung:* »Einfache« Wunden mit Desitin-Salbe bestreichen. Eiternde Wunden mit ausgekochten Instrumenten reinigen. Zum Abwischen Zellstoff, nicht Watte, benützen. Dann dick mit Desitin- oder Lebertran-Salbe bestreichen und wenn möglich mit Mull und Pflaster schützen.
*Heilungsaussichten:* Sehr gut, wenn die Behandlung oft und lange genug durchgeführt wird.

### Zecken
In unserem Klima können sich Schildkröten-Zecken nicht vermehren. Sie werden ausschließlich eingeschleppt und gehen bald von selbst zugrunde. Gefährlich sind sie nur, weil sie den Tieren an den Kräften zehren und unter Umständen entzündete Wunden verursachen. Diese Gefahr vergrößert sich, wenn man die Schmarotzer einfach abreißt. Besser bepinselt man die Zecke mit Salatöl oder einem Tropfen Nagellack. Sie erstickt und läßt von selbst los.

Seite 55:
Griechische Landschildkröte *(Testudo hermanni)*. Aufnahme A. Jesse

Seite 56:
Oben: Wenige Stunden alte Griechische Landschildkröten *(Testudo hermanni)*. Ein Tier befindet sich noch im Ei! Aufnahme B. Kahl
Unten: Frischer Löwenzahn ist sehr begehrt! Aufnahme H. Reinhard

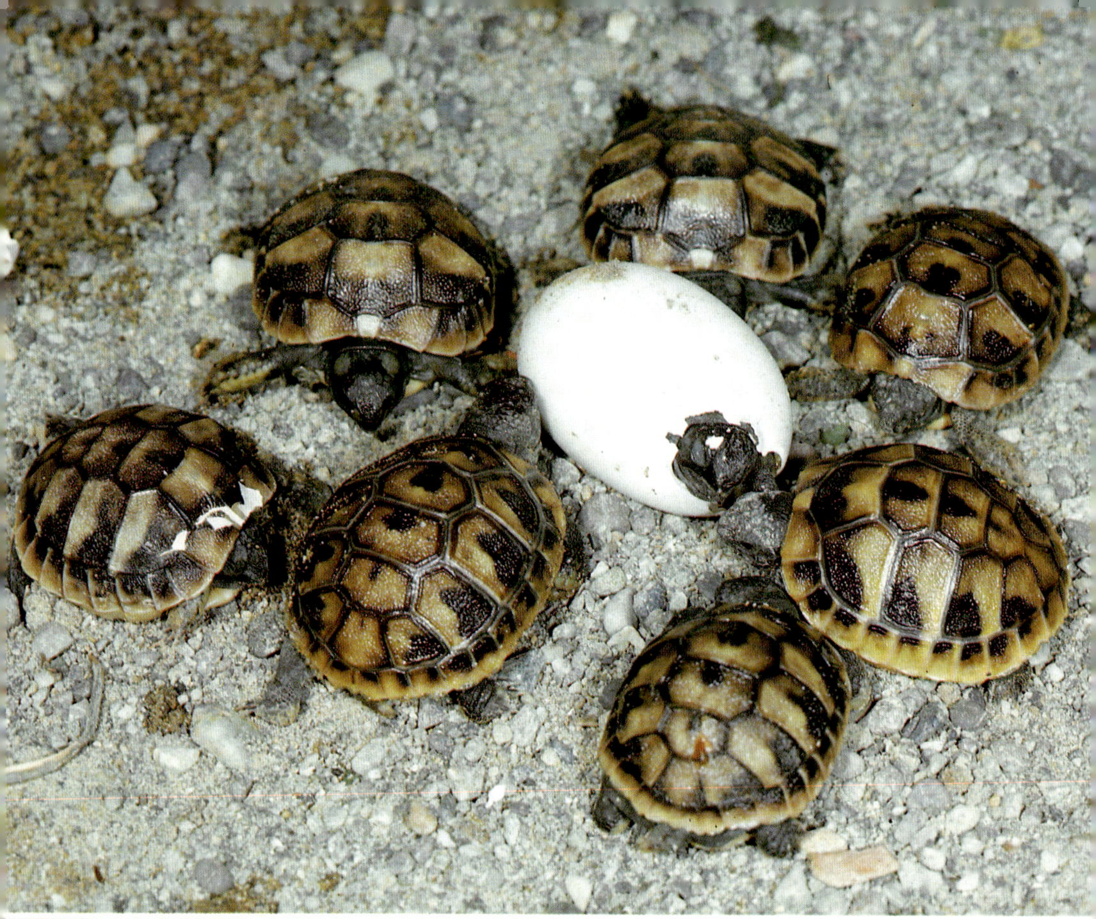

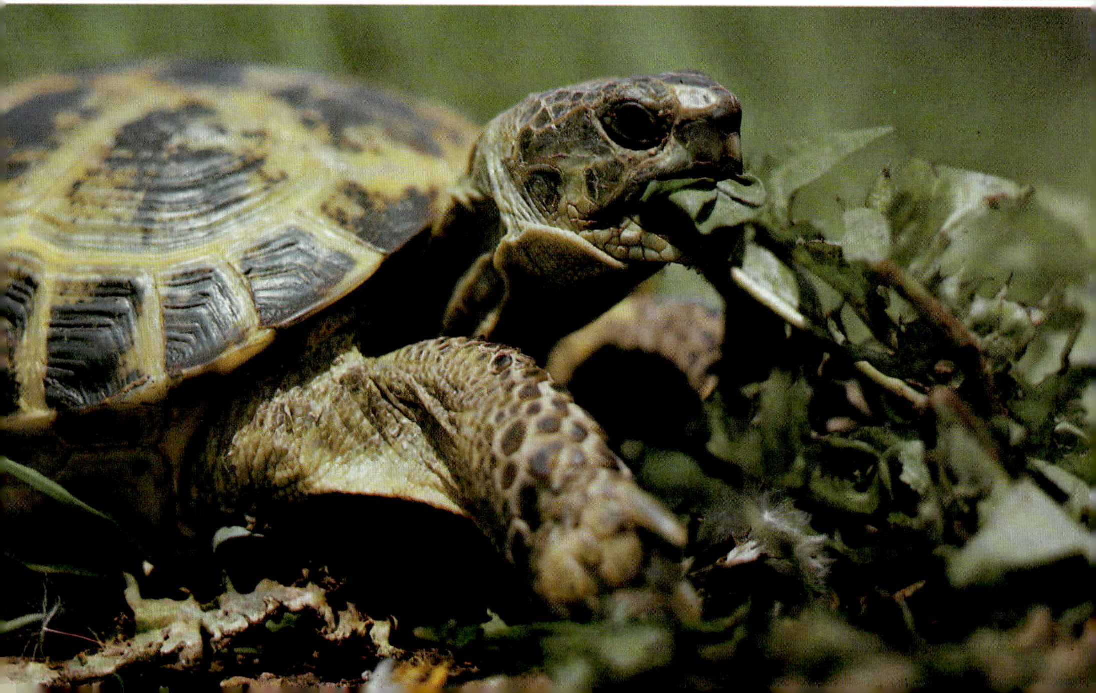

# Richtig überwintern — (k)ein Problem?

In ihren Heimatländern pflegen Landschildkröten immer genau dann »schlafenzugehen«, wenn die Lebensbedingungen für sie ungemütlich werden. Das muß nicht nur im Winter sein, im Sommer kann es z. B. so heiß und trocken werden, daß Schildkröten sich lieber in die feuchte, kühle Erde verziehen. Solche Klimabedingungen kommen bei uns nicht vor. Und wir brauchen sie den Tieren auch nicht »vorzuspiegeln«, da der sommerliche »Trockenschlaf« für ihr Wohlbefinden nicht notwendig ist.

Ganz anders der Winterschlaf: Er wird ausgelöst, wenn die Außentemperaturen so niedrig werden, daß die Tiere weder sich bewegen noch fressen können. Sozusagen als letzte Anstrengung wühlen sie sich in den Boden. Dann erstarrt ihr Körper, und alle Lebensfunktionen, wie Herzschlag und Atmung, laufen nur noch im Zeitlupentempo ab, der Verbrauch an Nährstoffen ist demgemäß außerordentlich gering.

Richtig überwinterte Landschildkröten nehmen kaum an Gewicht ab, und — das ist das Wichtigste — sie sind im Frühjahr gewissermaßen ausgeruht. Die Anfälligkeit gegen Krankheiten ist geringer, die Lust zur Fortpflanzung größer. Über Jahre gesehen ist die Sterblichkeitsrate niedriger bei winterschlafenden Tieren als bei solchen, die wach bleiben.

Wachbleiben gibt es also auch, ist aber nur als Ausnahmeregelung zu empfehlen. Kranke und schwache Schildkröten zum Beispiel dürfen gar nicht schlafen, sie werden in einem Zimmerkäfig mit viel Licht und Wärme gepäppelt. Man sollte jedoch wissen, daß die Tiere in dieser Zeit immer etwas appetitloser sind als im Sommer. Dann gibt es noch die Schildkröten, die einfach »den Dreh« zum Schlafen nicht kriegen. Das liegt oft an zu warmer Witterung, manchmal aber auch an zu warmer Haltung in der Wohnung. Sicherlich aber auch an Faktoren, die man weder kennt noch steuern kann. Da hilft nichts, solche ruhelosen Wanderer muß man dann wohl oder übel wirklich warm und hell halten und gut füttern. Denn entweder schlafen — mit geringem Nährstoffverbrauch — oder wachen — mit gutem Futter.

Eine Kombination zwischen Wachbleiben und Winterschlaf wird man bei jungen, gesunden Schildkröten wählen. Je nach Größe lasse ich diese Tiere nur 4–10 Wochen schlafen. Und zwar angefangen von dem Punkt, an dem die Tierchen schlechter fressen (das beginnt oft Ende Dezember). Nur warte ich nicht darauf, daß sie von selbst aufwachen. Denn den Anstoß dazu, nämlich steigende Temperaturen, werden sie im Januar oder Februar im Keller wohl kaum bekommen.

Große Schildkröten kann man 5 Monate schlafen lassen — also von Anfang November bis Ende März —, länger jedoch nicht. Diese Zeit ist günstig, da es ohnehin kaum gutes Futter für Schildkröten gibt.

Nun können aber Landschildkröten bei unserem Klima nicht bis Ende Oktober draußen bleiben, d. h., sie brauchen ab September einen warmen Platz im Haus, an dem sie sich noch ein Speckpolster anfressen können. Für eine einzelne Schildkröte genügt eine große Kiste mit Glühlampe darüber, wer aber mehrere Tiere hält, braucht mehr Platz. Ich habe dafür im Keller alte Tische mit Bretterrand versehen. Jedes dieser Behelfsgehege hat über $1/3$ der Fläche eine Bodenheizung. Dieses Drittel ist abgedunkelt und mit Stroh gefüllt. Der Rest der Fläche ist mit Zeitungen und/oder Reisstrohmatten belegt und wird von je zwei Lampen erwärmt und erhellt. In diesem Teil fressen die Tiere und wandern ein wenig umher.

Wichtig ist, daß Käfige im Keller nie auf dem kalten Boden stehen. So viel kann man gar nicht heizen, daß die Tiere sich nicht erkälten würden. Ebenso wichtig ist Sauberkeit. Wenn die Tiere immer wieder durch einen Futter-Kot-Urin-Matsch laufen, werden sie nicht nur dreckig, sondern auch naß und kalt. Aus diesem Grunde gebe ich im Keller auch keine Wassergefäße. Saftiges Futter reicht aus.

Früher hielt ich alle Schildkröten in demselben »Übergangskäfig«. Das war nicht nur eng. Bei gutem Futter und Wärme setzten die Männchen ihre lautstarken Liebesspiele um die Weibchen fort, bis die Wärme aufhörte. Die Weibchen waren dem Drängen der Männchen in der Enge hilflos ausgesetzt und verzogen sich daher lieber ins Stroh, als daß sie sich beim Futter »verprügeln« ließen.

Jetzt habe ich Männchen und Weibchen in getrennten Käfigen. Alle Tiere gehen nun bedeutend gelassener in den Winterschlaf. Und der Krach im Keller hat sehr nachgelassen!

Ende Oktober hört die Fütterung von einem Tag zum anderen auf. Nur Licht und Wärme bleiben zunächst. Dann werden die Tiere jeden zweiten Tag in flachem, lauwarmem Wasser gebadet, bis der grünbraune Kot abgeht. Das kann bis zu einer Stunde dauern. (Weißer Schleim entstammt der Blase und »gilt« hier nicht.) Nach dem Bad werden die Tiere sorgfältig abgetrock-

net und wieder in den warmen Käfig gesetzt.

Die ganze Prozedur muß drei- bis viermal wiederholt werden, damit der Darm bestimmt vollkommen leer ist! Denn davon hängt es ab, ob die Schildkröten den Winterschlaf überleben. Futterreste im Darm würden nämlich faulen.

Nach der Badewoche wird auch die Wärme abgestellt. Nun säubere ich die Behelfsheime und fülle sie ganz mit Stroh auf. Man kann aber auch kleine Schlafkisten herrichten, kann Laub und Moos als Polsterung verwenden. Torf und Sägemehl sind ungeeignet, weil der feine Staub sich in Augen und Lungen festsetzt!

Viele Schildkrötenhalter schwören darauf, daß man die Einstreu der Schildkröten-Schlafkisten hin und wieder anfeuchten muß. Ich tue das nicht, denn bei einer relativen Luftfeuchtigkeit von 65% im Keller ist die Gefahr der Austrocknung gering. Im Gegenteil: Bei zuviel Feuchtigkeit ist die Gefahr von Fäulnis und Schimmel sehr groß! Genauso wichtig wie die Feuchtigkeit ist die Temperatur im Keller. Sie soll in der »Schlafzeit« zwischen 2 °C und höchstens 10 °C betragen. Unter 2 °C ist die Frostgrenze bedenklich nahe, über 10 °C wachen Schildkröten schon wieder »etwas« auf. Ein verräterisches Knistern im Stroh zeigt an, daß sie sich langsam bewegen. Und bei Bewegung verbrauchen sie Energie, mit der winterschlafende Tiere immer sehr sparsam sein müssen.

Ich habe bei meinen Tieren festgestellt, daß sie bei Temperaturen nahe 10 °C stark an Gewicht verlieren, bei Durchschnittstemperaturen von 5—8 °C dagegen sind sie im Frühjahr fast genauso schwer wie im Herbst.

Um Temperatur und Luftfeuchtigkeit im Keller genau zu überprüfen, kauft man sich am besten zwei Geräte: ein Hygrometer, das die Luftfeuchtigkeit in % anzeigt, und ein Maximum-Minimum-Thermometer, an dem die augenblickliche Temperatur abzulesen ist und mit dem man auch sehen kann, welche Schwankungen erreicht wurden.

Ohne Instrumente kann man der Faustregel folgen: Ein Keller, in dem sich gut Kartoffeln einlagern lassen, ist auch geeignet für winterschlafende Schildkröten!

Wenn der Winterschlaf zu Ende geht — gleichgültig, ob von selbst oder vom Pfleger gewollt —, werden die Tiere zunächst nur hell und warm gehalten. Nach ein, zwei Tagen kommt dann wieder Leben in sie. Jetzt müssen sie wieder ausgiebig gebadet werden. Dabei trinken sie viel. Und genau darauf kommt es an: Das Wasser füllt Magen und Darm mit Flüssigkeit und regt die »verschlafenen« Innereien an, die normale Produktion von Verdauungssäften und Enzymen wieder aufzunehmen. Erst danach darf gefüttert werden.

Leider gibt es im März/April noch kaum frisches, knackiges Schildkrötenfutter — oder es ist sehr teuer. Eine wertvolle Hilfe sind Löwenzahn, Endivien- und Feldsalat, die man im Herbst im Garten angepflanzt hat. Dieses Grün überdauert nämlich den Winter und ist jetzt ein hochwillkommenes Futter. Jetzt bewährt sich auch, wenn man seine Tiere rechtzeitig an »Eintöpfe« gewöhnt hat, z. B. eingeweichtes Brot mit geriebenen Äpfeln, Hundeflocken mit Möhren, Bohnen oder Tomaten aus der Dose.

An warmen Apriltagen dürfen die Schildkröten dann auch wieder in den Garten. Aber Vorsicht vor dem launischen Wetter! Wer kein heizbares Schutzhaus besitzt, muß aufpassen wie ein Schießhund und die Tiere bei jeder Abkühlung, bei jedem Regen und vor allem nachts ins Haus nehmen.

Mein Rezept für die Schildkröten-Überwinterung mag etwas arbeitsaufwendig erscheinen. Aber es funktioniert nachweislich überall in Deutschland. Auch dort, wo im Winter Außentemperaturen von − 20 °C und darunter keine Seltenheit sind. Hier könnte man gar keine Schildkröten im Freien überwintern!

Aber es gibt ja auch klimatisch wesentlich günstigere Gegenden. Wie etwa Freiburg im Breisgau oder der Kaiserstuhl. Dort gelingt es mit ziemlich wenig Aufwand, die Tiere auch im Freien über milde Winter zu bringen.

## Überwinterung im Freien

Zur Überwinterung im Freien — wie gesagt, nur in Gebieten mit mildem Winter — wird im Gartengehege ein Schutzhaus ohne festen Boden gebaut und das Erdreich unter diesem Haus möglichst tief ausgehoben. Die Grube kleidet man mit feinem Maschendraht (Kükendraht) aus und füllt sie mit lockerem Material: Laubkomposterde, Torf-Sand-Gemisch, Laub, Moos, Farnkraut.

Je kühler die Tage im Herbst werden, desto tiefer graben sich die Tiere in die Füllung — bis sie schließlich gar nicht mehr zum Vorschein kommen. Nun wird der Raum zwischen Grube und Häuschendach lose mit Laub gefüllt, das Einschlupfloch mäusesicher verschlossen. Das Ganze wird dann noch mit einem Berg Laub zugedeckt. So bleibt das Nest trocken und frostfrei.

Im März nächsten Jahres wird die Isolierschicht aus Laub nach und nach entfernt, damit die Sonne Haus und Grube erwärmen kann. Die Türe wird geöffnet, und eines Tages werden die Schildkröten plötzlich wieder da sein — hoffentlich.

Diese Methode ist nämlich nicht ganz ohne Risiko: Einmal dauert der Winterschlaf unter Umständen länger als 5 Monate. Und außerdem finden nicht nur Schildkröten solche Gruben schön zum Überwintern. Es könnte sein, daß — trotz aller Vorsichtsmaßnahmen — Mäuse in das Nest eindringen, die dann sehr wahrscheinlich die schlafenden Schildkröten anknabbern werden. Allein diese schreckliche Vorstellung hindert mich, diese Überwinterungsart sonderlich zu empfehlen.

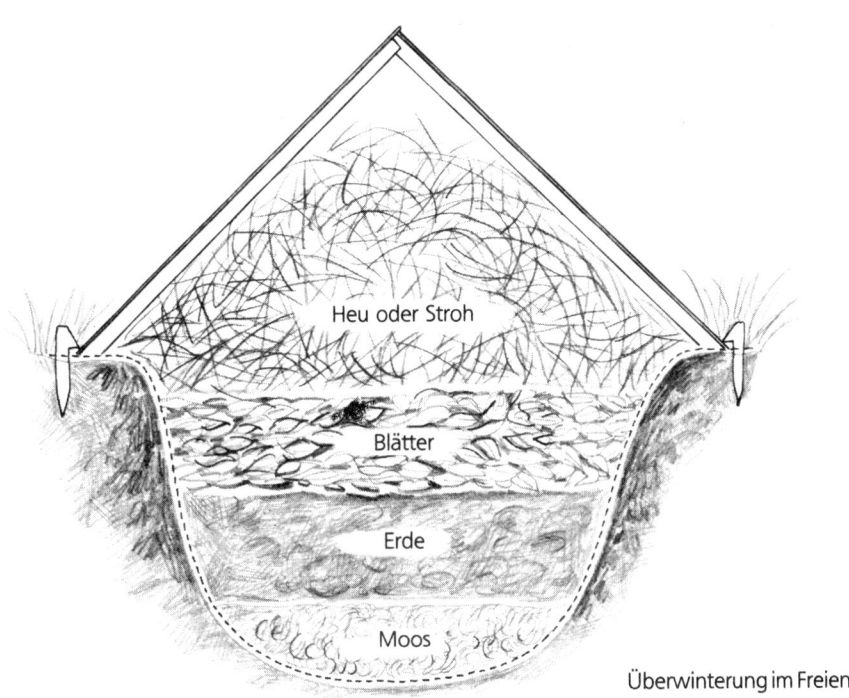

Überwinterung im Freien

61

# Überwinterung

Zum Thema Winterschlaf bekomme ich immer wieder Leserpost. Dabei geht es oft darum, daß einzelne Schildkröten seit Jahren ohne diesen ganzen »Rummel« irgendwo im Garten schlafen und auch wieder aufwachen. Ob das nicht ein Beweis sei, daß ich zuviel vom Pfleger verlange? Nein. Denn das sind genau die Ausnahmen, die die Regel bestätigen. Die Regel nämlich, daß Landschildkröten bei uns im Winter im Freien erfrieren.

Wer so glücklich ist, einen klimatisch besonders günstigen Garten zu haben, daß seine Tiere ohne »Hilfestellung« den Winter überdauern, kann sich freuen! Aber ich darf nicht raten, es einfach auszuprobieren — zum Schaden der Schildkröten.

> Denn eines ist jedem Liebhaber dieser Tiere inzwischen sicher klar: Einfach, hart und problemlos sind nur Schildkröten aus Holz! Lebende Tiere brauchen viel und wissende Pflege!

# Register

# Register